文革史料叢刊第二輯

第一冊：文件類

李正中　輯編

只有不漠視、不迴避這段歷史，中國才有希望，中華民族才有希望！忘記歷史意味著背叛！

——摘自「文革史料叢刊‧前言」

蘭臺出版社

巴金先生說在文革

愛盡火与血磨煉

的人是不会沉默的

八十又五叟 李正中

著名中國古瓷與歷史學家、教育家。
李正中　簡介

祖籍山東省諸城市，民國十九年（1930）出生於吉林省長春市。
北平中國大學史學系肄業，畢業於華北大學（今中國人民大學）。
歷任：天津教師進修學院教務處長兼歷史系主任（今天津師範大學）。
　　　天津大學冶金分校教務處長兼圖書館長、教授。
　　　天津社會科學院中國文化研究中心主任、研究員。
現任：天津理工大學經濟與文化研究所特聘教授。
　　　天津文史研究館館員。
　　　天津市漢語言文學培訓測試中心專家學術委員會主任。
　　　香港世界華文文學家協會首席顧問。
　　　（天津理工大學經濟與文化研究所供稿）
為加強海內外學術交流，應邀赴日本、韓國、香港、臺灣進行講學，
其作品入圍德國法蘭克福國際書展和美國ABA國際書展。

前言：忘記歷史意味著背叛

文學巨匠巴金說：

應該把那一切醜惡的、陰暗的、殘酷的、可怕的、血淋淋的東西集中起來，展覽出來，毫不掩飾，讓大家看得清清楚楚，牢牢記住。不能允許再發生那樣的事。不再把我們當牛，首先我們要相信自己不是牛，是人，是一個能夠用自己腦子思考的人！

那些魔法都是從文字遊戲開始的。我們好好地想一想、看一看，那些變化，那些過程，那些謊言，那些騙局，那些血淋淋的慘劇，那些傷心斷腸的悲劇，那些勾心鬥角的醜劇，那些殘酷無情的鬥爭……為了那一切的文字遊戲！……為了那可怕的十年，我們也應該對中華民族子孫後代有一個交代。

要大家牢記那十年中間自己的和別人的一言一行，並不是讓人忘記過去的恩仇。這只是提醒我們要記住自己的責任，對那個給幾代人帶來大災難的「文革」應該負的責任，無論是受害者，或者害人者，無論是上一輩或是下一代，不管有沒有為「文革」舉過手點過頭，無論是造反派、走資派，或者逍遙派，無論是鳳或者是牛馬，讓大家都到這裡來照照鏡子，看看自己為「文革」做過什麼，或者為反對「文革」做過什麼。不這樣，我們怎麼償還對子孫後代欠下的那一筆債，那筆非還不可的債啊！

（摘自巴金《隨想錄》第五冊《無題集•紀念》）

我高舉雙手讚賞、支持前輩巴老的呼籲。這不是一個人的呼籲，而是一個民族對其歷史的反思。一個忘記自己悲慘歷史和命運的民族，就是一個沒有靈魂的民族，沒有希望的民族，沒有前途的民族。中華民族要真正重新崛起於世界之林，實現中華夢，首先必須根除這種漠視和回避自己民族災難的病根，因為那不意味著它的強大，而恰恰意味著軟弱和自欺。這就是我不計後果，一定要搜集、編輯和出版這部書的原因。我想，待巴老呼籲的「文革紀念館」真正建立起來的那一天，我們才可以無愧地向全世界宣告：中華民族真正走上了復興之路……。

當本書即將付梓時刻，使我想到蘭臺出版社出版該書的風險，使我內心感動、感激和感謝！同時也向高雅婷責任編輯對殘缺不全的文革報紙給以精心整理、校對，付出辛勤的勞累致以衷心得感謝！

感謝忘年交、學友南開大學博導張培鋒教授為拙書寫「序言」，這是一篇學者的呼喚、是正義的伸張，作為一個早已欲哭無淚的老者，為之動容，不覺潸然淚下：「一夜思量千年事，人生知己有一人」足矣！

李正中於古月齋

2014年6月1日文革48周年紀念

序言：中國歷史界的大幸，也是國家、民族之大幸

張培鋒

李正中先生積三十年之功，編集整理的《文革史料叢刊》即將出版，囑我為序。我生於1963年，在文革後期（1971-1976），我還在讀小學，那時，對世事懵懵懂懂，對於「文革」並不瞭解多少，因此我也並非為此書寫序的合適人選。但李先生堅持讓我寫序，我就從與先生交往以及對他的瞭解談起吧。

看到李先生所作「前言」中引述巴金老人的那段話，我頓時回想起當年我們一起購買巴老那套《隨想錄》時的情景。1985年我大學畢業後，分配到天津大學冶金分校文史教研室擔任教學工作，李正中先生當時是教務處長兼教研室主任，我在他的直接領導下工作。記得是工作後的第三年即1987年，天津舉辦過一次大型的圖書展銷會（當時這樣的展銷會很少），李正中先生帶領我們教研室的全體老師前往購書。在書展上，李正中先生一眼看到剛剛出版的《隨想錄》一書，他立刻買了一套，並向我們鄭重推薦：「好好讀一讀巴老這套書，這是對「文革」的控訴和懺悔。」我於是便也買了一套，並認真讀了其中大部分文章。說實話，巴老這套書確實是我對「文革」認識的一次啟蒙，這才對自己剛剛度過的那一個時代有了比較深切的瞭解，所以這件事我一直記憶猶新。我記得在那之後，李正中先生在教研室的活動中，不斷提到他特別讚賞巴金老人提出的建立「文革紀念館」的倡議，並說，如果這個紀念館真的能夠建立，他願意捐出一批文物。他說：「如果不徹底否定「文革」，中國就沒有希望！」我這才知道，從那時起，他就留意收集有關「文革」的文獻。算起來，到現在又三十年過去了，李先生對於「文革」那段歷史「鍾情」不改，現在終於將其裒輯付梓，我想，這是中國歷史界的大幸，也是國家、民族之大幸！

前兩年，我有幸讀到李正中先生的回憶錄，對他在「文革」中的遭遇有了更為真切的瞭解。「文革」不僅僅是中國知識分子的受難史，更是整個民族、人民的災難史。正如李先生在「前言」中所說，忘記這段歷史就意味著背叛。李先生是歷史學家，他的話絕非僅僅出於個人感受，而是站在歷史的高度，表現出一個中國知識分子的真正良心。

就我個人而言，雖然「文革」對我這一代人的波及遠遠不及李先生那一代人，但自從我對「文革」有了新的認識後，對那段歷史也有所反思。結合我個人現在從事的中國傳統文化教學與研究來看，我覺得「文革」最大的災難在於：它對中華優秀傳統文化做出了一次「史無前例」的摧毀（當時稱之為「破四舊，立新風」，當時究竟是如何做的，我想李先生這套書中一定有非常真實的史料證明），從根本上造成人心

的扭曲和敗壞，並由此敗壞了全社會的道德和風氣。「文革」中那層出不窮的事例，無不是對善良人性的摧殘，對人性中那些最邪惡部分的激發。而歷史與現在、與未來是緊緊聯繫在一起的，當代中國社會種種社會問題、人心的問題，其實都可以從「文革」那裡找到根源。比如中國大陸出現的大量的假冒偽劣、坑蒙拐騙、貪汙腐化等現象，很多人責怪說這是市場經濟造成的，但我認為，其根源並不在當下，而可以追溯到四十年前的那場「革命」。而時下一些所謂「左派」們，或別有用心，或昧了良心，仍然在用「文革」那套思維方式，不斷地掩飾和粉飾那個時代，甚至將其稱為中國歷史上最文明、最理想的時代。我現在在高校教學中接觸到的那些八十年代、九十年代後出生的年輕人，他們對於「文革」或者絲毫不瞭解，或者瞭解的是一些經過掩飾和粉飾的假歷史，因而他們對於那個時代的總體認識是模糊甚至是錯誤的。我想，這正是從巴金老人到李正中先生，不斷呼籲不要忘記「文革」那段歷史的深刻含義所在。不要忘記「文革」，既是對歷史負責，更是對未來負責啊！

　　記得我在上小學的時候，整天不上課，拿著毛筆——我現在感到奇怪，其實就連毛筆不也是我們老祖宗的發明創造嗎？「文革」怎麼就沒把它「革」掉呢？——寫「大字報」，批判「孔老二」，其實不過是從報紙上照抄一些段落而已，我的《論語》啟蒙竟然是在那樣一種可笑的背景下完成的。但是，僅僅過去三十多年，孔子仍然是我們全民族共尊的至聖先師，「文革」中那些「風流人物」們今朝又何在呢？所以我認為，歷史是最公正、最無情的，是不容歪曲，也無法掩飾的，試圖對歷史進行歪曲和掩飾其實是最愚蠢的事。李正中先生將這些「文革」時期的真實史料拿出來，讓那些並沒有經歷過那個時代的人們真正認識和體會一下那場「革命」的真實過程，看一看那所謂「革命」、「理想」造成了怎樣嚴重的後果，這就是最好的歷史、最真實的歷史，這也就是巴老所說的「文革紀念館」的一個重要組成部分啊！我非常讚成李正中先生在「前言」中所說的，只有不漠視、不回避這段歷史，中國才有希望，中華民族才有希望！

　　是為序。

　　　　　　　　　　中華民族最黑暗的年代「文革」48周年紀念於天津聆鍾室
　　　　　　　　　　〔注〕張培鋒：現任南開大學文學院教授博士班導師

8

古月齋叢書4　文革史料叢刊　第二輯

前言：忘記歷史意味著背叛　李正中

序言：中國歷史界的大幸，也是國家、民族之大幸　張培鋒

中共中央办公厅文件

中发（61） 800号

（秘密）

中共中央办公厅通知
同意"机关档案室工作通则"

关于机关档案室工作，在一九五五年一月十七日中央批准的原中央办公厅秘书局起草的"中国共产党中央和省（市）级机关文书处理工作和档案工作暂行条例"和一九五七年二月二十八日国务院批准的国家档案局起草的"国家机关文书立卷工作和档案室工作暂行通则"中，都有所规定；在党、政档案实行统一管理以前，这些规定都是基本上适用的。

在一九五九年一月七日中央发出"关于统一管理党、政档案工作的通知"以后，国家档案局根据上述中央通知的精神，在总结几年来我国各级机关档案室工作经验的基础上，起草了一个统一的"机关档案室工作通则"。中央办公厅认为，制订这样一个统一的通则是必要的，同意由国家档案局将"机关档案室工作通则"发布，希望各級党委办公厅（室）并轉发各机关党委（党組）参照实行。特此通知。

（发至县級党委）

一九六一年十二月三十一日

机 关 档 案 室 工 作 通 則

第一章 总 則

第 一 条 根据"中共中央关于統一管理党、政档案工作的通知"和"国务院关于加強国家档案工作的决定"的精神，制定本通則。

第 二 条 各級党、政、軍机关和企业、事业、人民公社、人民团体等单位（以下統称机关），都必須对本机关的档案实行集中統一的管理；使它既便于机关当前的利用，也便于党和国家长远的利用。

第 三 条 各机关都应该按照本通則的規定建立机关档案室的工作，并根据具体情况，或者成立档案室，配备专职人員管理档案；或者指定适当的工作人員专管或兼管这一工作。

机关的技术档案可以由机关档案室統一管理，也可以根据需要另設技术档案室单独管理。技术档案的管理工作，按照"技術檔案室工作暫行通則"的規定辦理。

第 四 条　各機關党委（党組）应該加強对檔案室工作的領导。

　　檔案室受機關辦公廳（室）或秘書單位的領导，在业务上受同級和上級檔案管理機關的指导、监督与檢查。

第 五 条　机关档案室的任务是.

　　（一）收集、整理、保管和統計本机关的档案；

　　（二）办理档案的出借和閱覽，积极开展档案的利用工作；

　　（三）进行档案的鉴定工作，对已經超过保管期限的档案提出存毀意見；

　　（四）督促和协助文書部門或有关人員把需要归档的文件材料正确地进行立卷和拟定保管期限，并按规定时間向档案室归档；

　　（五）定期把具有永久和长期保存价值的档案向档案館移交；

　　（六）收集、整理、保管与本机关档案有关的內部書刊等参考資料，配合档案提供利用；

　　（七）办理机关領导人交办的其他事項

第 六 条　机关档案室在工作中必須貫微以党的方針政策为綱整理档案的指导思想。

第 七 条　机关档案室的工作人員，应当經常学習馬列主义、毛泽东思想和党的方針政策，不断地提高政治和业务水平，以保証更好地完成档案室的工作任务。

第 八 条　机关档案室必須貫微执行党和国家的保卫、保密制度，以保証机关档案的絕对安全，維护党和国家的机密。管理档案的人員必須政治上完全可靠。

第二章　文件材料的归档

第九条　机关办理完畢的具有保存价值的文件材料，都必須由文書部門或有关人員收集齐全，分类整理立成案卷，定期（一般不超过第二年）向机关档案室归档。

第十条　归档的文件材料应該按照它們的自然形成規律、保持它們的历史联系，分类立卷，使案卷正确地反映机关党的领导活动和各項工作活动，并便于查找、利用。

第十一条　归档的案卷，必須做好下列工作：

（一）写出案卷标题，标题要确切簡明地反映卷內文件的內容；

（二）要根据"档案材料保管期限表"注明每一案卷的保管期限；

（三）具有永久和长期保存价值的案卷，卷內文件要逐張编号，备有"卷內目录"，并根据需要附上"备考表"。

第十二条　在实行党委制或設有党组的机关內，党委或党组的文件材料应該单独整理立卷。

文件和电报一般应該按照內容的联系统一立卷。絕密文电应該单独立卷，少数普通文电如果与絕密文电有密切联系，也可以随同絕密文电立卷。

第十三条　归档的案卷，应該编有"案卷目录"，一并向机关档案室归档。档案室接收案卷时应該查点清楚，并由交接双方在移交目录上签字。

第三章　档案的整理、保管和統計

第 十 四 条　一个机关在工作和生产活动中形成的全部档案，应該作为一个全宗，进行整理和保管。

第 十 五 条　一个全宗內的全部案卷，应該分門別类，依照时间先后，系統地排列。

全宗內的案卷，一般应該按照組織机構——年代，或者年代——組織机構，或者年代——問題等方法分类排列。必要时也可以参照作者和地区等特征分类排列。

第 十 六 条　党委或党組的档案，应該作为全宗內的一类，单独保管。絕密案卷，也应該单独保管。

第 十 七 条　机关档案室应該設立全宗卷，把有关一个全宗的历史情况的文件（如机关历史情况、历年档案收集和整理情况、鉴定报告和銷毀清册、檢查記录等)集中立卷保管。

第 十 八 条　档案庫房必須坚固。在保管工作中应該注意防盗、防火、防虫、防潮等事項。具有永久和长期保存价值的档案，如有破損或字迹模糊，应該及时修补或复制。

第 十 九 条　机关档案室应該建立定期檢查档案的制度。如果发现可疑情况或者发生意外事故，应該对档案材料及时进行檢查，并将檢查結果报告机关领导人。

第 二 十 条　管理档案的人員調动工作时，必須在离职前将他所保管的档案的数量和狀况交代清楚，并办理交接手續。

第二十一条　机关档案室应該建立登記統計制度，对档案的收进、移出、保管、利用等情况进行登記和統計。

第四章　档案的提供利用

第二十二条　管理档案的人員，应該熟悉机关的历史和所保管的档案，了解机关业务，积极提供档案、資料为机关的領导和各項工作服务。

第二十三条　机关档案室应該根据机关工作的需要，編制各种专题目录、索引、卡片等参考工具。

第二十四条　机关档案室根据机关工作的需要，可以編輯文件汇編等参考資料。这些参考資料如果需要印发或出版，必須經过机关領导人的審查批准。

第二十五条　机关档案室应該建立档案的調閱制度，根据档案的机密程度，規定不同的調閱手續。

第五章　档案的鑑定和銷毀

第二十六条　机关档案室应該会同有关业务人員根据党和国家的有关規定編制本机关的"档案材料保管期限表"。"档案材料保管期限表"經机关領导人批准后执行，并报送档案管理机关和上級主管机关备案。

有的机关，經領导人同意，也可以使用上級主管机关頒发的本系統的档案材料保管期限表。

第二十七条　机关档案室根据"档案材料保管期限表"的規定，定期对已經超过保管期限的档案加以審查，揀出确无繼續保存价值的档案，以便銷毀。机关档案室鑑定档案，应該和有关业务部門共同进行。

第二十八条　鉴定工作結束以后，应该向机关領导人提出关于鉴定档案的报告，并附上需要銷毀的档案清册。需要銷毀的档案經过机关領导人審核批准后才可以銷毀。

第二十九条　机关档案室銷毀档案的时候，必须注意保密，并指定专人监銷。监銷人应该在銷毀清册上签字。

第六章　档案的移交

第三十条　机关档案室应该将需要由档案館永久和长期保存的档案，連同"案卷目录"（一式三份），定期向档案館移交。需要由档案館永久和长期保存的档案在机关档案室保存的年限，一般规定为：中央級、省（自治区、直轄市）級和地（市）級机关的档案十五年左右；县（市）級以下机关的档案五年左右。

第三十一条　机关撤銷或有其它变动的时候，其档案的移交问题，由有关机关商得档案管理机关同意后处理。

第三十二条　各种临时性的机構在工作結束以后，应该将全部档案整理好交主管机关或有关机关的档案室保存，或者直接向档案館移交。

第七章　附　　則

第三十三条　各机关可以根据本通则规定的原则，结合本机关的具体情况，制定实施办法。

第三十四条　本通則經中共中央办公厅批准后由国家档案局发布施行。

中共天津市委办公厅翻印　　　　一九六二年一月十五日

中共中央文件

中发（66）103号

———————————— ★ ————————————

（祕密）

中央关于印发
毛泽东同志在扩大的
中央工作会議上的講話的通知

各中央局，各省、市、自治区党委，中央各部委，国家机关和人民团体各党委、党组，总政治部：

毛泽东同志一九六二年一月三十日"在扩大的中央工作会議上的講話"，是一个十分重要的马克思列宁主义的文件。中央决定，将这个文件发给你们，供党內县团级以上干部学习。毛泽东同志在这个讲话中，着重講了民主集中制的问题。这个问题是我们党的生活中的一个根本性的问题。在我们党掌握了全国政权以后，这个问题尤其重要。毛泽东同志最近指出："看来此問題很大，眞要实现民主集中制，是要经过认眞的教育、试点和推广，並且经过长期反复进行，才能实现的，否则在大多数同志当中，始终不过是一句空話。"望各地区、各部门根据毛泽东同志的指示，认眞地学习这个文件，发揚批评和自我批評的精神，教育广大干部，特别是领导干部，认眞贯彻实行民主集中制和纠正违反民主集中制的各种不良倾向。

中　　央

一九六六年二月十二日

（发至县团级党委，不登党刊）

19

在扩大的中央工作會議上的講話

毛 泽 东

（一九六二年一月三十日）

　　同志们，我现在讲几点意见。（热烈鼓掌）一共講六点，中心是讲一个民主集中制的问题，同时也讲到一些其他问题。

　　第一点，这次会議的开会方法。

　　这次扩大的中央工作会議，到会的有七千多人。在这次会議开始的时候，×××和别的几位同志，准备了一个报告稿子。这个稿子，还沒有经过中央政治局討论，我就向他们建議，不要先开中央政治局会議討论了，立即发给参加大会的同志们，请大家评论，提意見。同志们，你们有各方面的人、各地方的人，有各个省委、地委、县委的人，有企业党委的人，有中央各部门的人，你们当中的多数人是比較接近下層的，你们应当比我们中央常委、中央政治局和中央書記处的同志更加了解情况和问题。还有，你们站在各种不同的崗位，可以从各种的角度提出问题。因此，要请你们提意見。报告稿子发给你们了，果然議论纷纷，除了同意中央提出的基本方針以外，还提出許多意見。后来组织了二十一个人的起草委員会，这里面有各中央局的负责同志参加，经过八天討论，写出了書面报告的第二稿。应当说，报告第二稿是中央集中了七千多人議论的结果。如果沒有你们的意見，这个第二稿不可能写成。在第二稿里面，第一部分和第二部分有很大的修改，这是你们的功劳。听说大家对第二稿的評价不坏，认为它是比較好的。如果不是采用这种方法，而是采用通常那种开会的方法，就是先来一篇报告，然后进行討论，大家举手赞成，那就不可能做到这样好。

　　这是一个开会的方法问题。先把报告草稿发下去，请到会的人提意見，加以修改，然后再作报告。报告的时候不是照着本子念，而是讲一些补充意見，作一些解释。这样，就更能充分地发揚民主，集中各方面的智慧，对各种不同的看法有所比較，会也开得活泼一些。我们这次会議是要总结十二年的工作经验，特别是要总结最近四年来的工作经验，问题很多，意見也会很多，宜于采取这种方法。是不是所有的会議都可以采用这种方法呢？那也不是。采用这种方法，要有充裕的时间。我们的人民代表大会的会議，有时也許可以采用这种方法。省委、地委、县委的同志们，你们以后召集会議，如果有条件的话，也可以采用这种方法。当然，你们的工作忙，一般地不能用很长的时间去开会，但是在有条件的时候，不妨試一試看。

　　这个方法是一个什么方法呢？是一个民主集中制的方法，是一个群众路线的方法。先民主，后集中，从群众中来，到群众中去，领导同群众相结合。这是我讲的第一点。

　　第二点，民主集中制问题。

　　看起来，我们有些同志，对于马克思、列宁所说的民主集中制，还不理解。有些同志已经是老革命了，"三八式"的，或者别的什么式的，总之已经作了几十年的共产党員，但是他们还不懂得这个问题。他们怕群众，怕群众讲话，怕群众批评。那有马克思列宁主义者怕群众的道理呢？有了错误，自己不講，又怕群众講。越怕，就越有鬼。我看不应当怕。有什么可怕的呢？我们的态度是：坚持眞理，随时修正错误。我们工作中的是和非的问题，正确和错误的问题，这是屬于人民內部矛盾问题。解决人民內部矛盾，不能用咒駡，也不能用拳头，更不能用刀枪，只能用討论的方法，说理的方法，批评和自我批评的方法，一句話，只能用民主的方法，讓群众講話的方法。

　　不论党內党外，都要有充分的民主生活，就是说，都要认眞实行民主集中制。要眞正把问题敞开，讓群众讲话，那怕是駡自己的話，也要讓人家讲。駡的结果，无非是自己倒台，不能做这项工作了，降到下级机关去做工作，或者调到别的地方去做工作，那又有什么不可以呢？一个人为什么只能上升不能下降呢？为什么只能做这个地方的工作而不能調到别个地方去呢？我认为这种下降和調动，不论正确与否，都是有益处的，可以鍛炼革命意志，可以調查和研究許多新鲜情况，增加有益的知识 。我自己就有这一方面的经验，得到很大的益处。不信，你们不妨试试看。司马迁说过："文王拘而演周易 ，仲尼厄而作春秋 。屈原放逐，乃賦离骚。左丘失明，厥有国语。孙子臏足，兵法修列。不韦迁蜀，世传呂覽。韓非囚秦，说难孤愤。诗三百篇，大抵贤聖发愤之所为作也。" 这几句话当中，所謂文王演周易，孔子作春秋，究竟有无其事，近人已有怀疑，我们可以不去理它，讓专门家去解决吧，但是司马迁是相信有其事的。文王拘，仲尼厄，则确有其事。司马迁讲的这些事情，除左丘失明一例以外，都是指当时上级领导者对他们作了错误处理的。我们过去也错误地处理过一些干部，对这些人不论是全部处理错了的，或者是部分处理错了的，都应当按照具体情况，加以甄别和平反。但是，一般地说，这种错误处理，讓他们下降，或者調动工作，对他们的革命意志总是一种鍛炼，而且可以从人民群众中吸取許多新知识。我在这里申明，我不是提倡对干部，对同志，对任何人，可以不分青红皂白，作出错误处理，象古代人拘文王，厄孔子，放逐屈原，去掉孙臏的膝盖骨那样。我不是提倡这样做，而是反对这样做的。我是说，人类社会的各个历史阶段，总是有这样处理错误的事实。在阶级社会，这样的事实多得很。在社会主义社会，也在所难免。不论在正确路线领导的时期，还是在错误路线领导的时期，都在所难免。不过有一个区别。在正确路线领导的时期，一经发现有错误处理的，就能甄别 平反，向他们赔礼道歉，使他们心情舒暢，重新抬起头来。而在错误路线领导的时期，则不可能这样做，只能由代表正确路线的人们，在适当的时机，通过民主集中制的方法，起来糾正错误。至于由于自己犯了错误，经过同志们的批评和上级的鑑定，作出正确处理，因而下降或者調动工作的人，这种下降或者調动，对于他们改正错误，获得新的知识，会有益处，那就不待说了。

　　现在有些同志，很怕群众开展討论，怕他们提出同领导机关、领导者意见不同的意见。一討论问题，就压抑群众的积极性，不許人家讲话。这种态度非常恶劣。民主集中制是上了我们的党章的，上了我们的宪法的，他们就是不实行。同志们，我们是干革命的，如果眞正犯了错误，这种错误是不利于党的事业，不利于人民的事业的，就应当征求人民群众和同志们的意見，并且自己作检討。这种检討，有的时候，要有若干次。一次不行，大家不满意，再来第二次；还不满意，再来第三次；一直到大家沒有意见了，才不再作检討。有的省委就是这样做的。有一些省比较主动，讓大家讲话。早的 ，在一九五九年就开始作自我批评 ，晚的，也在一九六一年开始作自我批评。还有一些省是被迫作检討的，象河南、甘肃、青海。另外一些省，有人反映，好象现在才刚刚开始作自我批评。不管是主动的，被动的，早作检討，晚作检討，只要正视错误，肯承认错误，肯改正错误，肯讓群众批评，只要采取了这种

21

态良，都应当欢迎。

批评和自我批评是一种方法，是解决人民内部矛盾的方法，而且是唯一方法。除此以外，没有别的方法。但是，如果没有充分的民主生活，没有真正实行民主集中制，就不可能实行批评和自我批评这种方法。

我们现在不是有许多困难吗？不依靠群众，不发动群众和干部的积极性，就不可能克服困难。但是，如果不向群众和干部说明情况，不向群众和干部交心，不让他们说出自己的意见，他们还对你感到害怕，不敢讲话，就不可能发动他们的积极性。我在一九五七年这样说过，要造成"又有集中又有民主，又有纪律又有自由，又有统一意志、又有个人心情舒畅、生动活泼，那样一种政治局面"。党内党外都应当有这样的政治局面。没有这样的政治局面，群众的积极性是不可能发动起来的。克服困难，没有民主不行。当然没有集中更不行，但是，没有民主就没有集中。

没有民主，不可能有正确的集中，因为大家意见分歧，没有统一认识，集中制就建立不起来。什么叫集中？首先是要集中正确的意见。在集中正确意见的基础上，做到统一认识，统一政策，统一计划，统一指挥，统一行动，叫做集中统一。如果大家对问题还不了解，有意见还没有发表，有气还没有出，你这个集中统一怎么建立得起来呢？没有民主，就不可能正确地总结经验。没有民主，意见不是从群众中来，就不可能制定出好的路线、方针、政策和办法。我们的领导机关，就制定路线，方针、政策和办法，这一方面说来，只是一个加工工厂。大家知道，工厂没有原料就不可能进行加工。没有数量上充分的和质量上适当的原料，就不可能制造出好的成品来。如果没有民主，不了解下情，情况不明，不充分搜集各方面的意见，不使上下通气，只由上级领导机关凭着片面的或者不真实的材料决定问题，那就难免不是主观主义的，也就不可能达到统一认识，统一行动，不可能实现真正的集中。我们这次会议的主要议题，不是要反对分散主义，加强集中统一吗？如果离开充分发扬民主，这种集中，这种统一，是真的还是假的？是实的还是空的？是正确的还是错误的？当然只能是假的、空的、错误的。

我们的集中制，是建立在民主基础上的集中制。无产阶级的集中，是在广泛民主基础上的集中。各级党委是执行集中领导的机关。但是，党委的领导，是集体领导，不是第一书记个人独断。在党委会内部只应当实行民主集中制。第一书记同其他书记和委员之间的关系是少数服从多数。拿中央常委或者政治局来说，常常有这样的事情，我讲的话，不管是对的还是不对的，只要大家不赞成，我就得服从他们的意见，因为他们是多数。听说现在有一些省委、地委、县委，有这样的情况：一切事情，第一书记一个人说了就算数。这是很错误的。那有一个人说了就算数的道理呢？我这是指的大事，不是指有了决议之后的日常工作。只要是大事，就得集体讨论，认真地听取不同的意见，认真地对于复杂的情况和不同的意见加以分析。要想到事情的几种可能性，估计情况的几个方面，好的和坏的，顺利的和困难的，可能办到的和不可能办到的。尽可能地慎重一些，周到一些。如果不是这样，就是一人称霸。这样的第一书记，应当叫做霸王，不是民主集中制的"班长"。从前有个项羽，叫做西楚霸王，他就不爱听别人的不同意见。他那里有个范增，给他出过些主意，可是项羽不听范增的话。另外一个人叫刘邦，就是汉高祖，他比较能够采纳各种不同意见。有个知识分子名叫郦食其，去见刘邦。初一报，说是读书人，孔夫子这一派的。回答说，现在军事时期，不见儒生。这个郦食其就发了火，他向管门房的人说，你给我滚进去报告，老子是高阳酒徒，不是儒生。管房门的人进去照样报告了一篇。好，请。请了进去，刘邦正在洗脚，连忙起来欢迎。郦食其因为刘邦不见儒生的事，心中还有火，批评了刘邦一顿。他说，你究竟要不要取天下，你为什么輕視长者！这时候，酈食其已经六十多岁了，刘邦比他年輕，所以他自称长者。刘邦一听，向他道歉，立即采納了酈食其夺取陈留县的意见。此事见"史記"酈食其传和朱建传。刘邦是在封建时代被历史家称为"豁达大度，从諫如流"的英雄人物。刘邦同项羽打了好几年仗，結果刘邦胜了，项羽败了，不是偶然的。我们现在有些第一书记，连封建时代的刘邦都不如，倒有点象项羽。这些同志如果不改，最后要垮台的。不是有一出戏叫"霸王别姬"嗎？这些同志如果总是不改，难免有一天要"别姬"就是了。（笑声）我为什么要讲得这样厉害呢？是想讲得挖苦一点，对一些同志戳得痛一点，讓这些同志好好地想一想，最好有两天睡不着觉。他们如果睡得着觉，我就不高兴，因为他们还没有被戳痛。

我们有些同志，听不得相反的意见，批评不得。这是很不对的。在我们这次会議中間，有一个省，会本来是开得生动活泼的，省委书記到那里一坐，鸦雀无声，大家不讲話了。这位省委書記同志，你坐到那里去干什么呢？为什么不坐到自己房子里想一想問題，讓人家去纷纷議論呢？平素养成了这样一种风气，当着你的面不敢講話，那末，你就应当回避一下。有了错誤，一定要作自我批评，要讓人家講話，讓人批评。去年六月十二号，在中央北京工作会議的最后一天，我讲了自己的缺点和错誤。我说，请同志们传达到各省、各地方去。事后知道，许多地方没有传达。似乎我的错誤就可以隐瞞，而且应当隐瞞。同志们，不能隐瞞。凡是中央犯的错誤，直接的归我负责，間接的我也有分，因为我是中央主席。我不是要别人推卸责任，其他一些同志也有责任，但是第一个负责的应当是我。我们的省委书記，地委书記，县委书記，直到区委书記，企业党委书記，公社党委书記，既然作了第一书記，对于工作中的缺点错誤，就要担起责任。不负责任，怕负责任，不许人讲話，老虎屁股摸不得，凡是采取这种态度的人，十个就有十个要失败。人家总是要讲的，你老虎屁股真是摸不得嗎？偏要摸！

在我们国家，如果不充分发揚人民民主和党內民主，不充分实行无产阶级的民主制，就不可能有真正的无产阶级的集中制。没有高度的民主，不可能有高度的集中，而没有高度的集中，就不可能建立社会主义经济。我们的国家，如果不建立社会主义经济，那会是一种什么状况呢？就会变成南斯拉夫那样的国家，变成实际上是资产阶级的国家，无产阶级专政就会转化为资产阶级专政，而且会是反动的、法西斯式的专政。这是一个十分值得警惕的问题，希望同志们好好想一想。

没有民主集中制，无产阶级专政不可能巩固。在人民內部实行民主，对人民的敌人实行专政，这两个方面是分不开的，把这两个方面结合起来，就是无产阶级专政，或者叫人民民主专政。我们的口号是：无产阶级领导的、以工农联盟为基础的人民民主专政。无产阶级怎样实行领导呢？经过共产党来领导。共产党是无产阶级的先进部队。无产阶级团结一切赞成、拥护和参加社会主义革命和社会主义建设的阶级和阶层，对反动阶级，或者说，对反动阶级的残余，实行专政。在我们国內，人剥削人的制度已经消灭，地主阶级和资产阶级的经济基础已经消灭，现在反动阶级已经没有过去那么厉害了，比如说，已经没有一九四九年人民共和国建立的时候那么厉害了，也没有一九五七年资产阶级右派猖狂进攻的时候那么厉害了。所以我们说是反动阶级的残余。但是，对于这个残余，千万不可輕视，必须继续同他们作斗争。已经被推翻的反动阶级，还企图复辟。在社会主义社会，还会产生新的资产阶级分子。整个社会主义阶段，存在着阶级和阶级斗争。这种阶级斗争是长期的、复杂的，有时甚至是很激烈的。我们的专政工具不能削弱，还应当加强。我们的公安系统是掌握在正确的同志的手里的。也可能有个别地方的公安部门，是掌握在坏人手里。还有一些作公安工作的同志，不依靠群众，不依靠党，在肃反工作中不是执行在党委领导下通过群众肃反的路线，只依靠秘密工作，只依靠所谓专业工作。专业工作是需要的，对于反革命分子，侦察、审訊是完全必要的，但是，主要是实行党委领导下的群众路线，特别是对于整个反动阶级的专政，必须依靠群众，依靠党。对于反动阶级实行专政，这并不是说把一切反动阶级的分子統統消灭掉，而是要改造他们，用适当的方法改造他们，使他们成为新人。沒有广泛的人民民主，无产阶级专政不能巩固，政权会不稳。沒有民主，沒有把群众发动起来，沒有群众的监督，就不可能对反动分子和坏分子实行有效的专政，也不可能对他们进行有效的改造，他们就会继续捣乱，还有复辟的可能。这个問題应当警惕，也希望同志们好好想一想。

第三点，我们应当联合那一些阶级？压迫那一些阶级？这是一个根本立场问题。

工人阶级应当联合农民阶级、城市小资产阶级、爱国的民族资产阶级，首先要联合的是农民阶级。知识分子，例如科学家、工程技术人员、教授、教员、作家、艺术家、演员、医务工作者、新聞工作者，他们不是一个阶级，他们或者附屬于资产阶级或者附屬于无产阶级。对于知识分子，是不是只有革命的我们才去团结呢？不是的。只要他们爱国，我们就要团结他们，并且要讓他们好好工作。工人，农民，城市小资产阶级分子，爱国的知识分子，爱国的资本家和其他爱国的民主人士，这些人占了全人口的百分之九十五以上。这些人，在我们人民民主专政下面，都屬于人民的范围。在人民的內部，要实行民主。

人民民主专政要压迫的是地主、富农、反革命分子、坏分子和反共的右派分子。反革命分子、坏分子和反共的右派分子，他们代表的阶级是地主阶级和反动的资产阶级。这些阶级和坏人，大约占全人口的百分之四、五。这些人是我们要强迫改造的。他们是人民民主专政的专政对象。

我们站在那一边？站在占全人口百分之九十五以上的人民群众一边，还是站在占全人口百分之四、五的地、富、反、坏、右一边呢？必须站在人民群众这一边，绝不能站到人民敌人那一边去。这是一个马克思列宁主义者的根本立场問題。

在国內是如此，在国际范围內也是如此。各国的人民，占人口总数的百分之九十以上的人民大众，总是要革命的，总是会拥护马克思列宁主义的。他们不会拥护修正主义，有些人暂时拥护，将来终究会抛弃它。他们总会逐步地觉醒起来，总会反对帝国主义和各国的反动派，总会反对修正主义。一个眞正的马克思列宁主义者，必须坚定地站在占世界人口百分之九十以上的人民大众这一边。

第四点，关于认识客观世界的問題。

人对客观世界的认识，由必然王国到自由王国的飞跃，要有一个过程。例如对于在中国如何进行民主革命的問題，从一九二一年党的建立直到一九四五年党的第七次代表大会，一共二十四年，我们全党的认识才完全统一起来。中间经过一次全党范围的整风，从一九四二年春天到一九四五年夏天，有三年半的时间。那是一次細致的整风，采用的方法是民主的方法，就是说，不管什么人犯了错誤，只要认识了、改正了，就好了，而且大家帮助他认识，帮助他改正，叫做"惩前惩后，治病救人"，"从团结的愿望出发，经过批评或者斗爭，分清是非，在新的基础上达到新的团结"。"团结——批评——团结"这个公式，就是在那个时候产生的。那次整风帮助全党同志統一了认识。对于当时的民主革命应当怎么办，党的总路线和各项具体政策应当怎么定，这些問題，都是在那个时期，特别是在整风之后，才得到完全解决的。

从党的建立到抗日时期，中间有北伐战争和十年土地革命战争。我们经过了两次胜利，两次失败。北伐战争胜利了，但是到一九二七年，革命遭到了失败。土地革命战争曾经取得了很大的胜利，红军发展到三十万人，后来又遭到挫折，经过长征，这三十万人缩小到两万多人，到陕北以后补充了一点，还是不到三万人，就是说，不到三十万人的十分之一。究竟是那三十万人的军队强些，还是这不到三万人的军队强些？我们受了那样大的挫折，吃过那样大的苦头，就得到锻炼，有了经验，纠正了错误路线，恢复了正确路线，所以这不到三万人的军队，比起过去那个三十万人的军队来，要更强些。情形正是这样。在民主革命时期，经过胜利、失败，再胜利、再失败，两次比较，我们才认识了中国这个客观世界。在抗日战争前夜和抗日战争时期，我写了一些论文，例如"中国革命战争的战略问题"、"论持久战"、"新民主主义论"、"'共产党人'发刊词"，替中央起草过一些关于政策、策略的文件，都是革命经验的总结。那些论文和文件，只有在那个时候才能产生，在以前不可能，因为没有经过大风大浪，没有两次胜利和两次失败的比较，还没有充分的经验，还不能充分认识中国革命的规律。

中国这个客观世界，整个地说来，是由中国人认识的，不是在共产国际管中国问题的同志们认识的。共产国际的这些同志就不了解或者说不很了解中国社会，中国民族，中国革命。对于中国这个客观世界，我们自己在很长时间内都认识不清楚，何况外国同志呢？

在抗日时期，我们才制定了合乎情况的党的总路线和一整套具体政策。这时候，中国民主革命这个必然王国才被我们认识，我们才有了自由。到这个时候，我们已经干了二十来年的革命。过去那么多年的革命工作，是带着很大的盲目性的。如果有人说，有那一位同志，比如说中央的任何同志，比如说我自己，对于中国革命的规律，在一开始的时候就完全认识了，那是吹牛，你们切记不要信，没有那回事。过去，特别是开始时期，我们只是一股劲儿要革命，至于怎么革法，革些什么，那些先革，那些后革，那些要到下一阶段才革，在一个相当长的时间内，都没有弄清楚，或者说没有完全弄清楚。我讲我们中国共产党人在民主革命时期艰难地但是成功地认识中国革命规律这一段历史情况的目的，是想引导同志们理解这样一件事：对于建设社会主义的规律的认识，必须有一个过程。必须从实践出发，从没有经验到有经验，从有较少的经验，到有较多的经验，从建设社会主义这个未被认识的必然王国，到逐步地克服盲目性、认识客观规律、从而获得自由，在认识上出现一个飞跃，到达自由王国。

对于社会主义建设，我们还缺乏经验。我向好几个国家的兄弟党的代表团谈过这个问题。我说，对于建设社会主义经济，我们没有经验。

这个问题，我也向一些资本主义国家的新闻记者谈过，其中有一个美国人叫斯诺。他老要来中国，一九六〇年让他来了。我同他谈过一次话。我说："你知道，对于政治、军事，对于阶级斗争，我们有一套经验，有一套方针、政策和办法；至于社会主义建设，过去没有干过，还没有经验。你会说，不是已经干了十一年了吗？是干了十一年了，可是还缺乏知识，还缺乏经验，就算开始有了一点，也还不多。"斯诺要我讲讲中国建设的长期计划。我说："不晓得。"他说："你讲话太谨慎。"我说："不是什么谨慎不谨慎，我就是不晓得呀，就是没有经验呀。"同志们，也真是不晓得，我们确实还缺少经验，确实还没有这样一个长期计划。一九六〇年，那正是我们碰了许多钉子的时候。一九六一年，我同蒙哥马利谈话，也说到上面那些意见。他说："再过五十年，你们就了不起了。"他的意思是说，过了五十年我们就会壮大起来，而且会"侵略"人家，五十年内还不会。他的这种看法，一九六〇年他来中国的时候就对我说过。我说："我们是马克思列宁主义者，我们的国家是社会主义国家，不是资本主义国家，因此，一百年，一万年，我们也不会侵略别人。至于建设强大的社会主义经济，在中国，五十年不行，会要一百年，或者更多的时间。在你们国家，资本主义的发展，经过了好几百年。十六世纪不算，那还是在中世纪。从十七世纪到现在，已经有三百六十多年。在我国，要建设起强大的社会主义经济，我估计要花一百多年。"十七世纪是什么时代呢？那是中国的明朝末年和清朝初年。再过一个世纪，到十八世纪的上半期，就是清朝乾隆时代，"红楼梦"的作者曹雪芹就生活在那个时代，就是产生贾宝玉这种不满意封建制度的小说人物的时代。乾隆时代，中国已经有了一些资本主义生产关系的萌芽，但是还是封建社会。这就是出现大观园里那一群小说人物的社会背景。在那个时候以前，在十七世纪，欧洲的一些国家已经在发展资本主义了，经过三百多年，资本主义的生产力有了现在这个样子。社会主义和资本主义比较，有许多优越性，我们国家经济的发展，会比资本主义国家快得多。可是，中国的人口多、底子薄，经济落后，要使生产力很大地发展起来，要赶上和超过世界上最先进的资本主义国家，没有一百多年的时间，我看是不行的。也许只要几十年，例如有些人所设想的五十年，就能做到。果然这样，谢天谢地，岂不甚好。但是我劝同志们宁肯把困难想得多一点，因而把时间设想得长一点。三百几十年建设了强大的资本主义经济，在我国，五十年内外到一百年内外，建设起强大的社会主义经济，那又有什么不好呢？从现在起，五十年内外到一百年内外，是世界上社会制度彻底变化的伟大时代，是一个翻天复地的时代，是过去任何一个历史时代都不能比拟的。处在这样一个时代，我们必须准备进行同过去时代的斗争形式有着许多不同特点的伟大的斗争。为了这个事业，我们必须把马克思列宁主义的普遍真理同中国社会主义建设的具体实际、并且同今后世界革命的具体实际，尽可能好一些地结合起来，从实践中一步一步地认识斗争的客观规律。要准备着由于盲目性而遭受到许多的失败和挫折，从而取得经验，取得最后的胜利。由这点出发，把时间设想得长一点，是有许多好处的，设想得短了反而有害。

在社会主义建设上，我们还有很大的盲目性。社会主义经济，对于我们来说，还有许多未被认识的必然王国。拿我来说，经济建设工作中间的许多问题，还不懂得。工业、商业，我就不大懂。对于农业，我懂得一点。但是也只是比较地懂得，还是懂得不多。要较多地懂得农业，还要懂得土壤学、植物学、作物栽培学、农业化学、农业机械，等等；还要懂得农业内部的各个分业部门，例如粮、棉、油、麻、丝、茶、糖、菜、烟、果、药、杂等等；还有畜牧业，还有林业。我是相信苏联威廉氏土壤学的，在威廉氏的土壤学著作里，主张农、林、牧三结合。我认为必须要有这种三结合，否则对于农业不利。所有这些农业生产方面的问题，我劝同志们，在工作之暇，认真研究一下，我也还想研究一点。但是到现时止，在这些方面，我的知识很少。我注意得较多的是制度方面的问题，生产关系方面的问题。至于生产力方面，我的知识很少。社会主义建设，从我们全党来说，知识都非常不够。我们应当在今后一段时间内，积累经验，努力学习，在实践中间逐步地加深对它的认识，弄清楚它的规律。一定要下一番苦功，要切切实实地去调查它，研究它。要下去蹲点，到生产大队、生产队，到工厂，到商店，去蹲点。调查研究，我们从前做得比较好，可是进城以后，不认真做了。一九六一年我们又重新提倡，现在情况已经有所改变。但是，在领导干部中间，特别是在高级领导干部中间，有一些地方、部门和企业，至今还没有形成风气。有一些省委书记，到现在还没有下去蹲过点。如果省委书记不去，怎么能叫地委书记、县委书记下去蹲点呢。这个现象不好，必须改变过来。

从中华人民共和国成立，到现在已经十二年了。这十二年分为前八年和后四年。一九五〇年到一九五七年底，是前八年。一九五八年到现在，是后四年。我们这次会议已经初步总结了过去工作的经验，主要是后四年的经验。我们已经制定、或者正在制定、或者将要制定各个方面的具体政策。已经制定了的，例如农村公社六十条。我们的党政机关和群众团体的工作，也应当制定一些条例。军队已经制定了一些条例。总之，工、农、商、学、兵、政、党这七个方面的工作，都应当好好地总结经验，制定一整套的方针、政策和办法，使它们在正确的轨道上前进。

有了总路线还不够，还必须在总路线指导之下，在工、农、商、学、兵、政、党各个方面，有一整套适合情况的具体的方针、政策和办法，才有可能说服群众和干部，并且把这些当作教材去教育他们，使他们有一个统一的认识和统一的行动，然后才有可能取得革命事业和建设事业的胜利，否则是不可能的。对于这一点，我们在抗日时期就有了深刻的认识。在那时候，我们这样做了，就使得干部和群众对于民主革命时期的一整套具体的方针、政策和办法，有了统一的认识，因而有了统一的行动，使当时的民主革命事业取得了胜利，这是大家知道的。在社会主义革命和社会主义建设的时期，头八年内，我们的革命任务，在农村是完成对封建主义的土地制度的改革和接着实现农业合作化；在城市是实现对资本主义工商业的社会主义改造。在经济建设方面，那时候的任务是恢复经济和实现第一个五年计划。不论在革命方面和建设方面，那时候都有一条适合客观情况的、有充分说服力的总路线，以及在总路线指导下的一整套方针、政策和办法，因此教育了干部和群众，统一了他们的认识，工作也就比较做得好。这也是大家知道的。但是，那时候有这样一种情况，因为我们没有经验，在经济建设方面，我们只得照抄苏联，特别是在重工业方面，几乎一切都抄苏联，自己的创造性很少。这在当时是完全必要的，同时又是一个缺点，缺乏创造性，缺乏独立自主的能力。这当然不应当是长久之计。从一九五八年起，我们就确立了自力更生为主、争取外援为辅的方针。在一九五八年党的八大二次会议上，通过了"鼓足干劲，力争上游，多快好省地建设社会主义"的总路线，在那一年又办起了人民公社，提出了大跃进的口号。在提出社会主义建设总路线的一个相当时间内，我们还没有来得及，也没有可能规定一整套适合情况的具体的方针、政策和办法，因为经验还不足。在这种情形下，干部和群众，还得不到一整套的教材，得不到系统的政策教育，也就不可能真正有统一的认识和统一的行动。要经过一段时间，碰过一些钉子，有了正、反两方面的经验，才有这样的可能。现在好了，有了这些东西了，或者正在制定这些东西。这样，我们就可以更加妥善地进行社会主义革命和社会主义建设。在总路线指导之下，制定一整套的具体的方针、政策和办法，必须通过从群众中来的方法，通过作系统的周密的调查研究的方法，对工作中的成功经验和失败经验，作历史的考察，才能找出客观事物所固有的而不是人们主观臆造的规律，才能制定适合情况的各种条例。这件事很重要，请同志们注意到这点。

工、农、商、学、兵、政、党这七个方面，党是领导一切的。党要领导工业、农业、商业、文化教育、军队和政府。我们的党，一般说来是很好的。我们党员的成分，主要的是工人和贫苦农民。我们的绝大多数干部都是好的，他们都在辛辛苦苦地工作。但是，也要看到我们党内还存在一些问题，不要想象我们党的情况什么都好。我们现在有一千七百多万党员，这里面差不多有百分之八十的人是建国以后入党的，五十年代入党的。建国以前入党的只占百分之二十。在这百分之二十的人里面，一九三〇年以前入党的，二十年代入党的，据前几年计算，有八百多人，这两年死了一些，恐怕只有七百多人了。不论在老的和新的党员里面，特别是在新党员里面，都有一些品质不纯和作风不纯的人。他们是个人主义者、官僚主义者、主观主义者，甚至是变了质的分子。还有些人挂着共产党员的招牌，但是并不代表工人阶级，而是代表资产阶级。党内并不纯粹，这一点必须看到，否则我们是要吃亏的。

上面是我讲的第四点。就是讲，我们对于客观世界的认识，要有一个过程。先是不认识或者不完全认识，经过反复的实践，在实践里面得到成绩，有了胜利，又翻过筋斗，碰了钉子,有了成功和失败的比较,然后才有可能逐步地发展成为完全的认识或者比较完全的认识。到那个时候,我们就比较主动了,比较自由了,就变成比较聪明一些的人了。自由是对必然的认识和对客观世界的改造。只有在认识必然的基础上,人们才有自由的活动。这是自由和必然的辩证规律。所谓必然,就是客观存在的规律性,在没有认识它以前,我们的行动总是不自觉的,带着盲目性的。这时候我们是一些蠢人。最近几年我们不是干过许多蠢事吗?

第五点,关于国际共产主义运动。这个问题,我只简单地讲几句。

不论在中国,在世界各国,总而言之,百分之九十以上的人终究是会拥护马克思列宁主义的。在世界上,现在还有许多人,在社会民主党的欺骗之下,在修正主义的欺骗之下,在帝国主义的欺骗之下,在各国反动派的欺骗之下,他们还不觉悟。但是,他们总会逐步地觉悟过来,总会拥护马克思列宁主义。马克思列宁主义这个真理,是不可抗拒的。人民群众总是要革命的。世界革命总是要胜利的。不准革命,象鲁迅所写的赵太爷、钱太爷、假洋鬼子不准阿Q革命那样,总是要失败的。

苏联是第一个社会主义国家,苏联共产党是列宁创造的党。虽然,苏联的党和国家的领导现在被修正主义者篡夺了,但是,我劝同志们坚决相信,苏联广大的人民、广大的党员和干部,是好的,是要革命的,修正主义的统治是不会长久的。无论什么时候,现在,将来,我们这一辈子,我们的子孙,都要向苏联学习,学习苏联的经验。不学习苏联,要犯错误。人们会问:苏联被修正主义者统治了,还要学吗?我们学习的是苏联的好人好事,苏联党的好经验,苏联工人、农民和联系劳动人民的知识分子的好经验。至于苏联的坏人坏事,苏联的修正主义者,我们应当看作反面教员,从他们那里吸取教训。

我们永远要坚持无产阶级的国际主义团结的原则,我们始终主张社会主义国家和世界共产主义运动一定要在马克思列宁主义的基础上巩固地团结起来。

国际修正主义者在不断地骂我们。我们的态度是,由他骂去。在必要的时候,给以适当的回答。我们这个党是被人家骂惯了的。从前骂的不说,现在呢,在国外,帝国主义者骂我们,反动的民族主义者骂我们,各国反动派骂我们,修正主义者骂我们;在国内,蒋介石骂我们,地、富、反、坏、右骂我们。历来就是这么骂的,已经听惯了。我们是不是孤立的呢?我就不感觉孤立。我们在座的有七千多人,七千多人还孤立吗?(笑声)我们国家有六亿几千万人民,我国人民是团结的,六亿几千万人还孤立吗?世界各国人民群众已经或者将要同我们站到一起,我们会是孤立的吗?

最后一点,第六点,要团结全党和全体人民。

要把党内、党外的先进分子、积极分子团结起来,把中间分子团结起来,去带动落后分子,这样就可以使全党、全民团结起来。只有依靠这些团结,我们才能够做好工作,克服困难,把中国建设好。要团结全党、全民,这并不是说我们没有倾向性。有些人说共产党是"全民的党",我们不这样看。我们的党是无产阶级政党,是无产阶级的先进部队,是用马克思列宁主义武装起来的战斗部队。我们是站在占总人口的百分之九十五以上的人民大众一边,绝不站在占总人口百分之四、五的地、富、反、坏、右那一边。在国际范围内也是这样,我们是同一切马克思列宁主义者、一切革命人民、全体人民讲团结的,绝不同反共反人民的帝国主义者和各国反动派讲什么团结。只要有可能,我们也同这些人建立外交关系,争取在五项原则基础上和平共处。但是这些事,跟我们和各国人民的团结是不同范畴的两回事情。

要使全党、全民团结起来,就必须发扬民主,让人讲话。在党内是这样,在党外也是这样。

省委的同志，地委的同志，县委的同志，你们回去，一定要讓人講話。在座的同志们要这样做，不在座的同志们也要这样做，一切党的领导人员都要发揚党内民主，讓人講話。界限是什么呢？一个是，遵守党的紀律，少数服从多数，全党服从中央。另一个是，不准组织秘密集团。我们不怕公开的反对派，只怕秘密的反对派，这种人，当面不講眞話，当面講的尽是些假的、骗人的話，眞正的目的不講出来。只要不是违犯纪律的，只要不是搞秘密集团活动的，我们都允许他講話，而且讲错了也不要处罰。講错了話可以批评，但是要用道理说服人家。说而不服怎么办？讓他保留意见。只要服从决议，服从多数人决定的东西，少数人可以保留不同的意見。在党內党外，容許少数人保留意見，是有好处的。错误的意見，讓他暂时保留，将来他会改的。許多时候，少数人的意见，倒是正确的。历史上常常有这样的事实，起初，眞理不是在多数人手里，而是在少数人手里。马克思、恩格斯手里有眞理，可是他们在开始的时候是少数。列宁在很长一个时期內也是少数。我们党內也有这样的经验，在陈独秀统治的时候，在"左"傾路綫统治的时候，眞理都不在领导机关的多数人手里，而是在少数人手里。历史上的自然科学家，例如哥白尼、伽利略、达尔文，他们的学说曾经在一个长时间內不被多数人承认，反而被看作错误的东西，当时他们是少数。我们党在一九二一年成立的时候，只有几十个党员，也是少数人，可是这几十个人代表了眞理，代表了中国的命运。

有一个捕人、杀人的问题。我还想讲一下。在现在的时候，在革命胜利还只有十几年的时候，在被打倒了的反动阶级分子还没有被改造好，有些人幷且企图阴谋复辟的时候，人总会要捕一点、杀一点的，否则不能平民愤，不能巩固人民的专政。但是，不要輕于捕人，尤其不要輕于杀人。有一些坏人，钻到我们队伍里面的坏分子，蜕化变质分子，这些人，騎在人民的头上拉屎拉尿，穷凶极恶，严重的违法乱紀。这是些小蒋介石。对于这种人得有个处理，罪大恶極的，也要捕一些，还要杀几个。因为对这样的人，完全不捕、不杀，不足以平民愤。这就是所謂"不可不捕，不可不杀"。但是絶不可以多捕、多杀。凡是可捕可不捕的，可杀可不杀的，都要坚决不捕、不杀。有个潘汉年，此人当过上海市副市长，过去秘密投降了国民党，是个CC派人物，现在关在班房里头，我们沒有杀他。象潘汉年这样的人，只要杀一个，杀戒一开，类似的人都得杀。还有个王实味，是个暗藏的国民党探子。在延安的时候，他写过一篇文章，题名"野百合花"，攻击革命，诬蔑共产党。后头把他抓起来，杀掉了。那是保安机关在行军中间，自己杀的，不是中央的决定。对于这件事，我们总是提出批评，认为不应当杀。他当特务，写文章駡我们，又死不肯改，就把他放在那里吧，讓他劳动去吧，杀了不好。人要少捕、少杀。动不动就捕人、杀人，会弄得人人自危，不敢讲話。在这种风气下面，就不会有多少民主。

还不要给人乱戴帽子。我们有些同志慣于拿帽子压人，一张口就是帽子满天飞，吓得人不敢讲活。当然，帽子总是有的，"分散主义"不是帽子吗？但是，不要动不动就给人戴在头上，弄得张三分散主义，李四分散主义，什么人都是分散主义。帽子，最好由人家自己戴，而且要戴得合适，最好不要由别人去戴。他自己戴了几回，大家不同意他戴了，那就取消了。这样，就会有很好的民主空气。我们提倡不抓辮子、不戴帽子、不打棍子，目的就是要使人心里不怕，敢于讲意见。

对于犯了错误的人，对于那些不讓人讲話的人，要采取善意帮助的态度。不要有这样的空气：似乎犯不得错误，一犯错误就不得了，一犯錯误，从此不得翻身。一个人犯了错误，只要他眞心愿意改正，只要他确实有了自我批评，我们就要表示迎欢。头一、二次自我批评，我们不要要求过高，检讨得还不彻底，不彻底也可以，讓他再想一想，善意地帮助他。

人是要有人帮助的。应当帮助那些犯错误的同志认识错误。如果人家诚恳地作了自我批评，顾意改正错误，我们就要宽恕他，对他采取宽大政策。只要他的工作成绩还是主要的，能力也还行，就还可以让他在那里继续工作。

我在这个讲话里批评了一些现象，批评了一些同志，但是没有指名道姓，没有指出张三、李四来。你们自己心里有数。（笑声）我们这几年工作中的缺点、错误，第一笔账，首先是中央负责，中央又是我首先负责；第二笔账，是省委、市委、自治区党委的；第三笔账，是地委一级的；第四笔账，是县委一级的；第五笔账，就算到企业党委、公社党委了。总之，各有各的账。

同志们，你们回去，一定要把民主集中制健全起来。县委的同志，要引导公社党委把民主集中制健全起来。首先要建立和加强集体领导。不要再实行长期固定的"分片包干"的领导方法了，那个方法，党委书记和委员们各搞各的，不能有真正的集体讨论，不能有真正的集体领导。要发扬民主，要启发人家批评，要听人家的批评。自己要经得起批评。应当采取主动，首先作自我批评，有什么就检讨什么，一个钟头，顶多两个钟头，倾箱倒箧而出，无非是那么多。如果人家认为不够，请他提出来，如果说的对，我就接受。让人讲话，是采取主动好，还是被动好？当然是主动好。已经处在被动地位了怎么办？过去不民主，现在陷于被动，那也不要紧，就请大家批评吧。白天出气，晚上不看戏，白天晚上都请你们批评。（笑声）这个时候我坐下来，冷静地想一想，两三天晚上睡不着觉。想好了，想通了，然后诚诚恳恳地作一篇检讨。这不就好了吗？总之，让人讲话，天不会塌下来，自己也不会垮台。不让人讲话吧？那就难免有一天要垮台。

我今天的讲话就讲这一些。中心是讲了一个实行民主集中制的问题，在党内、党外发扬民主的问题。我向同志们建议，仔细考虑一下这个问题。有些同志还没有民主集中制的思想，现在就要开始建立这个思想，开始认识这个问题。我们充分地发扬了民主，就能把党内、党外广大群众的积极性调动起来，就能使占总人口百分九十五以上的人民大众团结起来。做到了这些，我们的工作就会越做越好，我们遇到的困难就会较快地得到克服，我们事业的发展就会顺利得多。（热烈鼓掌）

中共中央文件

中发〔67〕256 文件

少 批示

吉林军区300-9部队 7311部队并告沈阳军区和辽宁军区（以上请沈阳军区转）各大军区 省军区和各军：

中央认为你们给长春市广大群众的公开信是正确的。你们的检查是正确的、痛痛快快的、不是吞吞吐吐的、扭扭捏捏的。检查错误改正错误一定能够得到广大革命群众的拥护和欢迎。

中央认为吉林应该开展拥军爱民活动 加强军民团结 长春公社 东方红公社的同志和红革会 二兵部的同志要正确处理人民内部矛盾 共同对敌，把斗争矛头对准党内一小撮走资本主义道路的当权派。实现革命的大联合 注意抓革命促生产 把无产阶级文化大革命进行到底！

　　　　　　中共中央　　　　国务院
　　　　　　中央军委　　　　中央文革小组
　　　　　　一九六七年八月十七日

打倒陶铸！

志年八二0，陶铸老贼操纵保皇组织"八一八"赤卫队挑动芽家坑的600名不明真相的贫下中农来围攻我三红战士，妄图扼杀我人民大学的文化大革命运动。但是革命造反派是压不倒、摧不垮的，用毛泽东思想武装起来的三红战士越战越勇。我三红也由800多人涌变为近3000人的浩浩荡荡的文化革命大军。

今年的八二0 陶铸老贼早已被揪出来了 "八一八"赤卫队也都垮台了 但人大校园内的"新生造反派"们却在继续执行着部彩秋、赤卫队"八一八" 王荣伯等没有实现的计划 推行没有陶铸的陶铸反动路线。为了彻底清林陶铸的影响和流毒 把刘邓陶斗倒、斗臭 斗垮 我人大三红和其他革命造反派 起 于二十日晚在天安门前召开了彻底斗倒陶铸的誓师大会，会上芽家坑的贫下中农控发了陶铸老贼如何挑动农民斗学生的滔天罪行。

文艺动态

三军文体战士接受了中央交给的新任务 自今日起起排几个新剧目

(1)用交响乐伴奏并加大合唱的《智取威虎山》；

(2)大型歌舞剧《秋收起义》；

(3)军乐《沙家浜》。

为此 八月二十日战友文工团作了战斗前的动员 三军无产级革命派斗志昂扬 投入排练，予定九月八日以前在首都试演。伯达。

△周总理 康生 江青等同志 最近接见京剧《红灯记》的演员 对《红灯记》如何进一步修改 提出了很多意见。

(上接一版)央文革小组对他们寄予的无限希望。党中央 毛主席、中央文革把这个任务交给矿院东 对矿院东方红广大战士的信任。他们决心把革命搞好，把生产促上去。

文革时期

编号 目录： 中共中央文件·天津革
命委员会文件

（69）110号·112号·
113号·117号·126号
（1971）3号文件

中共中央文件

中发〔68〕170 号

———————★———————

毛主席批示：有一点
修改。付讨论。

中共中央、中央文革关于
对敌斗争中应注意掌握政策的通知

一九六八年十二月二十六日

毛主席在最近批示中指出："**对反革命分子和犯错误
的人，必须注意政策**"，毛主席这个重要指示已经下达。
为了认真执行毛主席的这个指示，更准确地打击敌人，请各地在对敌斗争中，注意下列各点：

一、应认真学习和掌握毛主席在对敌斗争中采取的**"利用矛盾，争取多数，反对少数，各个击破"**这个马克思主义的策略，不要把斗争的对象都看成铁板一块（上述引文见《毛泽东选集》第二卷《论政策》）。

二、**在提到敌人的名称时**，应遵照中央、中央文革历来文件中所明确规定的用语，如：叛徒、特务、死不改悔的走资派，还有改造好的地、富、反、坏、右分子，现行反革命分子等等，不要采用含糊不清的容易混淆两类矛盾、扩大打击面的词汇。**在犯过走资派错误的人们中，死不改悔的是少数，可以接受教育改正错误的是多数，不要一提起"走资派"，就认为都是坏人。**

三、**坚持群众专政。**实行群众专政，在定案时必须由领导和群众相结合，走群众路线，即由本单位的革命群众联合起来，经过充分的调查研究，掌握确凿的证据，提出意见，由各级革命委员会的领导机关或军管会审核批准。不要用"群众定案"的口号代替"领导和群众相结合"。

四、在被审查的干部中，须区别是已经定性的叛徒、特务、死不改悔的走资派，或是尚未定性的"靠边站"的干部，不可把两类人统称之为"黑帮"，"牛鬼蛇神"。对后一类尚未定性的人，须一分为二，有一部分是未查清的坏人，有一部分是属于**"犯错误的好人，要多做教育工作，在他们有了觉悟的时候，及时解放他们。"**对于反革命分子的子女和犯错误的人的子女，也要多做思想教育工作，争取其中的大多数人逐步接受工农兵的再教育，使其中少数坚持与人民为敌者孤立起来。**即使是反革命分子的子女和死不改悔的走资派的子女，也不要称他们为"黑帮子女"，而要说他们是属于多数或大多数可以教育好的那些人中间的一部分（简称"可以教育好的子女"），以示他们与其家庭有所区别。实践结果，会有少数人坚持顽固态度，但多数是肯定可以争取的。**

以上各点，其精神都是积极的。清理阶级队伍、开展对敌斗争的工作已经取得了伟大胜利；但任务还很重，必须抓紧做好。当前在宣传工作中，特别要注意政策。只要我们进一步掌握毛主席的无产阶级革命路线和各项具体政策，就一定能更好地团结一切可以团结的力量，取得对敌斗争的更大胜利。

〔这一通知可发到地方厂、矿企业、事业基层单位和公社、大队革命委员会或军管会，部队的团级（或独立营）党委〕

這是清理阶级的政策。我被清理出教育界，到北郊庭劳动改造。

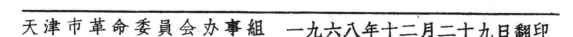

天津市革命委員会办事組　一九六八年十二月二十九日翻印

共印 **30,000** 份。

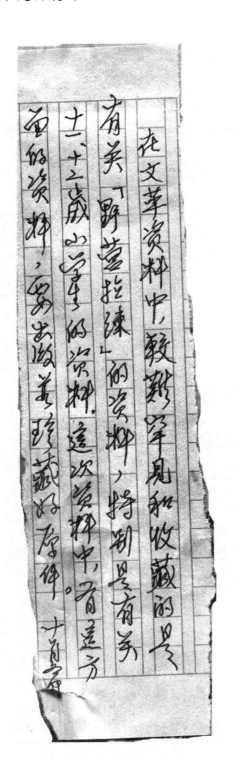

在文革資料中，較難罕見和收藏的是
有关「野营拉练」的資料，特別是有关
十二岁小學生的资料，這次資料中有這方
面的资料，要妥善珍藏好原件。

十月廿六

中共中央文件

附：《野营训练简报》

中发〔1970〕69 号

林彪事件後只在批示中有关林彪文字中央明确抹掉,现为阅读方便已補上。

從此各数学校均进行野营拉练,含小学学生。

★

毛主席批示：照发。

毛主席批示

林彪同志： 此件可閱 我看很好。 請

~~林彪同志：此件可閱,我看很好。請~~
你和黄永胜同志商量一下,
~~你和永胜同志商量一下,~~ 全军是否
~~全军是否~~利用

冬季实行长途野营訓练一次，每个軍可分

两批（或不分批），每批两个月，实行官

兵团結、軍民团結。三支、两軍者不在

內。但大、中、小学（高年級）学生是否

利用寒假也可以实行野营訓练一个月。工

厂是否可以抽少数工人（例如四分之一，

37

請与中

但生产不能减少）进行野营练习。请与中央各同志一商。

毛　泽　东

十一月二十四日

毛主席在最后一頁批示

如不这样訓练，就会变成老爷兵。

林　副　主　席　批　示

主席批示极为重要，我完全同意。现将主席批件送周、康同志及政治局同志一閱，并請商討具体貫彻办法。

軍队的貫彻問题，我已同永胜同志初步談过，軍委办事組正在研究。

林　彪

十一月二十四日

中共中央贯彻执行伟大领袖毛主席
关于实行野营训练重要批示的通知

各省、市、自治区革命委员会，中央和国务院各部、委：

伟大领袖毛主席十一月二十四日对北京卫戍区《关于部队进行千里战备野营拉练的总结报告》的光辉批示和林副主席的批示，极为重要，是一个伟大战略部署。对于全党、全军和全国人民加速思想革命化，加强战备，**"实行官兵团结、军民团结"**，密切干群关系，巩固工农联盟，巩固无产阶级专政，具有极其深远的意义。各级党的领导要迅速传达，做到家喻户晓，并认真学习，深刻领会，坚决贯彻执行。

"野营训练是一种好方法"，**"如不这样训练，就会变成老爷兵。"** 全国各族人民要以毛主席十一月二十四日重要批示为纲，立即掀起一个**"实行野营训练"** 的热潮。

一、野营训练，要活学活用毛泽东思想，学习解放军，大兴三八作风，加强革命性、科学性和组织纪律性。进行战史、村史、厂史、家史教育，开展革命大批判，提高广大革命群众的阶级斗争、路线斗争和在无产阶级专政条件下继续革命的觉悟。发扬艰苦奋斗的优良传统，培养**"一不怕苦，二不怕死"** 的革命精神，树立常备不懈的战备观念。

从战备出发，根据具体情况，有计划地进行一些军事训练。学会走路、吃饭、休息、放哨，学习防空、防毒、防原子弹等常识。行军里程开始不要搞得很多，要逐步锻炼，适当增加。中小学生和野营日期在半月以内的可行军三、五百里，野营日期一个月的，可行军千里左右。行军路线，不要走回头路，一般均不要出省。

在革命大联合和三结合，清理阶级队伍，整党建党等斗批改搞得好，并建立了基干民兵队伍的单位，可以发给基干民兵少量武器（弹药由民兵团部统一保管），有计划地搞一点实弹射击。实弹射击必须固定场地，确保安全。

参加野营训练的人员，要大力宣传毛泽东思想，积极参加集体生产劳动，传播社会主义的文化科学知识，帮助社、队修理农机具，给群众治病，等等，既**"进行野营练习"**，又要**"真心实意地为群众谋利益"**。学生和其他知识分子，机关工作人员，要虚心接受贫下中农的再教育。

野营训练，要根据不同情况，组织实施。

大、中城市（包括省、地直属市，下同）学校的野营训练，可在寒假或暑假期间分期分批进行，大学每批一个月，中学和小学五、六年级学生，每批二十天到三十天。

大中城市工厂、矿山在**"生产不能减少"**的原则下，采取全年轮流的办法，分期分批**"进行野营练习"**，每批抽少数工人（例如四分之一或少于四分之一），时间半个月到一个月。任务轻的多抽，任务重的少抽，争取每年有较多的工人参加练习一次。

大中城市，财贸职工和卫生人员，要以临战姿态，做好野营训练的后勤工作。

大中城市党政机关和科研设计等单位的人员，也要分期分批实行野营训练十五天到二十天。

根据毛主席**"党、政、军、民、机关除老年外，中年、青年都要实行军训，每年二十天"**的指示精神，机关和学校办的"五·七"干校，长期在野外作业的单位，大、中城市集体所有制的工厂，以及有特殊情况不能离开生产、工作岗位的人员，可就地定期实行军训。

县及县以下的工厂、学校、机关，在当地参加农田基本建设，同时搞定期军训。

老、弱、病、残和有其他特殊困难的，可以不参加野营练习和定期军训。

今后每年"实行野营训练"，要逐步形成制度。

三、野营训练的后勤供应，要切实贯彻执行艰苦奋斗、厉行节约的方针。对野营训练中出现的各种实际困难，一方面要发动群众自己克服，另一方面各级党的领导也要适当予以解决。**"任何地方必须十分爱惜人力物力，决不可只顾一时，滥用浪费。"**口粮补助标准，在原定量基础上工人补助到四十至四十五斤，学生补助到三十五至四十斤，不得超过。烧柴，有条件的由本单位自己解决，有的单位确有困难的，由公家给以补助。所需物资，发动群众自己携带，尽量少用车辆。要严格遵守三大纪律，八项注意。在野营行动中，各单位要加强纪律教育和进行纪律检查工作。

四、加强领导，全面规划，**"要过细地做工作"**。首先要做好思想动员工作，使城乡广大革命群众深刻认识**"实行野营训练"**的重要意义，积极参加和支持野营训练。充分发动群众和依靠群众，调动一切积极因素，既搞好野营训练，又把各方面的工作做得更好。

各地对野营训练的计划安排、队伍编组、行军路线、后勤保障等，都要一项一项地落实。开始时铺的摊子不宜过大，经过实践，取得经验，逐步展开。今年十二月份最好作为试点月，从一九七一年正式开始野营训练。各省、市、自治区的领导，对每一批野营训练结束后，要认真总结经验，汇总扼要报告中央。

要提高革命警惕，严防阶级敌人的破坏。加强安全教育，防止各种事故。在寒冷地区，要注意防止冻伤，夏季在热带地区要防止中暑。

各省、市、自治区之间，要主动配合，相互支援。对野营训练，要大力做好支援工作。

中央要求，全党和全国各族人民，热烈响应毛主席的伟大号召，搞好野营训练，推动斗批改，掀起一个"抓革命、促生产、促工作、促战备"的新高潮，"团结起来，争取更大的胜利"。

中共中央

一九七〇年十二月十日

（此件印发到县、团级，传达时不许传抄、张贴、广播、登报。）

（共印15,000份）

天津市革命委员会　　　　　一九七〇年十二月十四日翻印

中央文革小組召集的部分大專院校革命
師生座談會記要 （規納成九條）

一 中央文革小組遵主席委托要起草一個大、中學校都適用的紅衛兵的幾條，因此要求推舉一些大·中院校的代表組成起草小組起草的幾條要求力求簡明，不搞繁瑣条例，要大中院校都適用，使全國紅衛兵都必須遵守的幾条。

起草小組決定七八、由清華井崗山·北大·地質東方紅、北航紅旗、政法學院、廿五中、二中組成。

二 主席特別反對多用絵書。伯達同志說"現在人家付錢收買我們新形勢下吹捧收買右派。錢是还了，可怕的是右派被收買。江青同志說"時傳祥是个工賊，他想收買"伯达同志又講；若一紅衛兵应當成为一个朴素的战斗的革命团体·行政管理和紅衛兵組織开了，行政癱瘓了，學生可以自己管理自己的學校可以成立管理委員会，为什么一定要枝头呢？要成立軍管制，不但要关心国家大了，而且要善于管理"

三 江青一再講"紅兵有无政府主义倾向·这不就说是无政府主义，有极端民主化傾向，你们精神状态有些不好要把你们鍛煉成无产阶级的小猴子。"陈伯达同志讲："没有紀律就造不了反，没有紀律就不能有力量，紅衛兵不打山次主义，老让人家反，不让自己头陷中的反，这怎么行？这样才不致被腐蝕，你们要向能够反党了"

由于上述情况，江青同志講"你们要軍訓一个时期。现在我感到你们很疲散，精神面貌不正常。"

本来我们要求去清華打试点，江青同意了·姚春橋同志说："在佔占优勢的地方才可以軍訓"

江青同志讲"中央要发動通知 叫各地同志回校，王相同志讲：批改任務要提到日程上來，不下要有目的"

伯达同志又讲"軍了訓练要实际改的，好改造思想"

四 关于所改斗爭形勢，江青同志讲了三次"两条路線的斗爭胜负定""学习《学习和財局》和附件《关于若干历史问题的決议》把一些方该美化的人美化了 現在纠錯误路試跟那所很密切·目前还在跟我们較男你们現在就封候了行嗎？当时白区組織被破坏(此处不清)北航紅旗一个同志讲没有了干·伯达同志讲"可以睡党了嗎？江青讲"阶级斗爭激烈得很哪"有人提到刘少奇的檢董，江青同志讲"他的檢討了成话还在干部中没法通过全国人民有个认识过程。我对邓小平认识了十几年对刘少奇是一九六四年才认识的。当时我觉得我们的党在危险之中那时我们听了他一个报告，七个小时，实在是赫鲁晓夫式的报告，他反对主席調查估方，主張王关美的勝点，王关美也是假的。

江青又讲到王光美说"王光美不老实，王光美去印尼之前，去找过我当时我在上海生病，她说她要带项鍊，做带花的衣服，我说你是大国主席夫人多做几件衣服可以但是你是共产党员，不應带项鍊。因为这件了，他好几夜没有睡好，最后肯定了说我接受你的意見，不带项鍊了，結果这次看电影地又带了，她骗我。电影为什么不舍到清華放一下刘志坚同志，八一制片了有片子没有？到清华去放！那是一株大毒草，撤王光美同志文労！我支持。

清华大学 蒯大富、 陈育延 在 2里
天津乙苦院 共产主义红卫兵 红卫队《只争朝夕》战斗
兵团转抄 1967 1.3,
湘江许兴印染系统 联合总部 转抄 纩. 1. 8.

走访中央文革国务院联合接待站

问：没有工作组的情况下，革委会把群众打成反革命要不要平反？

答：按13、14、15期社论说的办法，凡是被打成反革命的都应该进行平反。

问：什么叫真平反？

答：认真平反，要群众鉴定，认为认真平反了算数。

问：什么叫秋后算账派？

答：秋后算账派就是资产阶级反动路线的表现形式，保留黑材料。还要秋后算反攻，反攻后则再整革命群众。这就是秋后算账派的特点。他们错误地估计形势，这种人愚蠢，如果继续下去，就要站在和人民对立的立场上去了。

问：什么叫资产阶级和一切剥削阶级的意识形态？一个人是不是能代表资产阶级和一切剥削阶级的意识形态？

答：资产阶级和一切剥削阶级的意识形态很多嘛。一个人不能代表资产阶级和一切剥削阶级的意识形态，一个人只能说有这种思想。

问：小学生可否参加革委会，可否选举？

答：正式文件没有，我看应由群众决定。

问：什么叫革命群众？什么叫牛鬼蛇神，平反范围是什么？

答：十六条中不是说的很清楚吗？我们这次运动的重点是整党内走资本主义道路的当权派。摧毁一切牛鬼蛇神，牛鬼蛇神是地、富、反、坏、右的贬称。

问：除了这些人，是否就是革命群众？

答：对！革命群众的范围就是这些。

问：有些别有用心的人，不是当权派，不是领导操纵革委会，把革命群众打成反革命，执行资产阶级反动路线怎么办？

答：揪出来吧！（插话：这样群众斗群众吗？）不，这些人既能操纵革委会，就是当权派。起码是个政治扒手，揪他们就不是群众斗群众。当权派不那得是头头头头之类，有实权，有权力就是当权派。一般地说，当权派是领导头头，但有时却不是这样。

问：革委会认识到了，要给 革命 群众平反，但却说群众不顾，要等他们认识到了以后再平反，对不对？

答：革委会认识到了，要给被打成反革命的群众平反，就要立即平反。认真平反，不能要群众来抵制中央政策，如果群众来当挡箭牌，这样的人再坚持下去是危险的。我们说只有错误的领导，没有错误的群众，不能把错误推给群众，领导要敢于承担责任。

问：有的领导看着错误路线到处泛滥，不但不制止，还直接插手把革命群众打成反革命，是否揪后台老板？

答：是可以揪前、后台老板嘛。这样的领导要……

问：一些别有用心的人，操纵红卫兵，中伤打击革命群众，怎么办？

答：不管怎样，只要这样作，就把他们揪出来，让他们好好检查，不这样作是不行的。

问：小学生家长是否能参加批判学校的资产阶级反动路线，这样是否干涉内政吗？

答：小学生既然可以直接参加，批判小学的资产阶级反动路线，批判这条反动路线人人有份，什么叫内政？难道无罪吗？可以去串联。

问：我爱不好，真正要革命，倒受到压制，这是不是资产阶级反动路线？

答：首长们讲话，不是讲得很清楚吗。爱和不好是自愿，一个人的爱好是不能选择的，但走什么道路是可以选择的，大多数爱好不好的人还是要革命的，压制他们爱好首先就是资产阶级反动路线的表现，这就是左右的表现。

问：资产阶级反动路线很顽固，怎么彻底批判把它批深批透？

答：这要很好地发动群众，路线很顽固也就批不服它，把它批深批透。

问：红卫兵的问题（略）整群众的材料是否都销黑材料？

答：当然这样的材料要全部烧毁，再还受你就要受帝籍处分，但决不允许私自处理这些材料。

问：平反了，是不是说明他（指被平反人）没有问题，我们相反是平反革命了，反动后就不能处理他们？

答：这是抓着错误不放，是秋后算账论调，是怕个人怕字当头，是想去整群众，反动后整什么呢？革命群众有错误、有缺点，只要不是反党反社会主义，他们可以在反动中自己教育自己解放自己，我们的运动历来就是群众运动，不是运动群众，从来没有整群众的运动，相反的如果执行反动路线的同志，对革命同志把看着敌对态度，还想以后整他们（指革命群众），就犯不于歪错误，以致成为人民的敌人。

问：如果他们不给革命群众平反怎么办？

答：（激动地）革委会紧急指示下达这么长时间还不执行，如果再不照办，就把他们揪到这儿来辩论。

问：革委会保校领导怎么办？

答：贴大字报谁也拦不了，你不活动他地，我们认为你们不革命，我们要革命，革委会保校领导，你们要改校领导，可以，不承认它（革委会）嘛，可以踢开绊脚石。

问：一个人说过一些错话，能不能打成反革命……

学于格区分两类性质不同的矛盾，说过几句错话，做过几件错事，有什么？用毛很好地学习十六条，不能把这样的同志打成反革命，这样作了就是资产阶级反动路线，不需顾望如何。

转抄于首都三色屬文团红卫兵总部记录稿
1967. 1. 16.

天津红卫 中学转抄 1967. 1.25.
中国绸缎品进云口只司天津分公司
《红联》第五战斗队 转抄
1967. 1.30.

中共中央文件

中发（66）553号　　中共天津市委办公厅　　1966年11月1日翻印

中共中央关于处理无产阶级文化大革命中档案材料问题的补充规定

1966年11月16日

十月五日中央批转的军委、总政关于军队院校无产阶级文化大革命的指示，对于贯彻执行毛主席的正确路线，推动无产阶级文化大革命起了重大的作用，根据最近各地的情况中调查，对于文化革命中各学校、各单位、编写的正群众的档案材料，都应该立即有效、全部清查，一律当众焚毁。这样做是为了更好的、集中地进行两条路线的斗争，抓住大是大非，从思想上、政治上彻底批判资产阶级的反动路线，促进广大群众的革命团结，防止在枝节问题上纠缠不休，互相对立。

中央对处理文化大革命中档案材料问题，补充规定如下：

（一）责成原工作组、学校党委或者其他有关组织，必须将1966年5月16日以后的各类正学生正群众的包括正理过的或者没有正理过的材料，除在这一文件宣布以前，确实已经焚毁的外，全部集中。不许隐瞒，不许转移，不许复制，不许私自处理。否则就将加罪错误，并将受到党的严历处分。

（二）除个人被迫写的检讨材料全部交还本人处理外，其他所有的材料，集中清录之后，在上级领导机关和本校学生代表的监督之下，当众焚毁。

（三）以上规定，完全适用于工矿企业、事业单位、党政机关、群众团体等组织，也完全适用进行文化大革命的军事机关和院校。所有这些单位，对于文化大革命运动中，因为给领导上或工作组提意见而被打成"反革命""反党份子"和"假左派"、真"右派"的革命群众，都宣布一律无效，予以平反，当众恢复名誉，并按以上规定处理材料问题。

（四）在处理材料问题的过程中，各方学生争执的时候，应该严格尊守16条的精神，根据上述规定采取共同协商的方法解决。只许文斗，不许武斗。在文化革命运动中，对待犯路线错误的领导干部，一般应该尊循毛主席关于正确处理人民内部矛盾的方针，既要肃清思想又要团结同志。为了让他们改正错误，继续工作，不要连续的在长时间内去斗，不要强留下他们，也不要限制他们行动自由。犯错误的领导干部应该主动地，认真地虚心地向群众进行检讨，不要同群众形成对立的状态。

这一文件应立即在各学校、各单位群众中宣读

——完——

天津大学"八一三"红卫兵《编风炎火》战斗队翻印

继红司毛泽东思想尖刀队翻印

1966.12.12.

47

最高指示

　　　毛主席說：你們要关心国家大事，要把
无产阶级文化大革命进行到底。

　　請問中共中央国务院文革联合接待站談話記录：
時间一九六六年十月二九日晚　接待人王文其

1问：运动初期被泡挖党委，工作组"打成"反党分子，反革
命右派，真右派，要进行平反，这里說的"打成"应如何理解？

答：这个问题我是这样理解的所为"打成"就是已经定了案的
党委，工作组文革已定的形式的（如用大字报公布或文字上
公布的）这样才算"打成"。群众用大字报上或辯論会上
互相說的，如何呢主给李四写大字报說他反党，不算
"打成"群众几个人写的不能代表组织，要用大字报宣布或
用布告公布的这代表组组这才算"打成"。

2问　在运动中，组织群众给一些人写了大字报，辯論会上也
辯論了算不算"打成"？

答：不。有用组形成並大会上宣布的才称"打成"党委，工
作组和文革宣布的才称。

3问　整理的材料中确实有些錯誤与是，但还不够反党，反社会主
义只是帽子扣大了这样的材料錯不錯毀？

答：平反要有组织的进行这个问题因要问群众滴务据我理解就是把材
料烧了这个问题还是存档的本来有这们问题那就没有什么平反的
必要（比如呀三月汽車裏死了一批人大家写大字报說他是反革命，这
加帽子該摘但是及冤且是因要字婆緊急指示中断指的平反是平他
没有的東西问题本来为和　就平解平反錯的平反，不錯平反什
么呢？

4问：有组织的对某些人進的大字报专揽和大会批判，也整理了材料
这些平反不平反如何平反？

答：这加不称组织正決定，要經过上级手續批准这个情况不
属于平反范圍。　　　　　　故无不胜的毛泽東思想万岁！

偉大的領袖毛主席万岁万万岁！！！
　　　　　　　　　　　　　毛泽東思想紅色捍卫隊
　　　　　　　　　　　　　　　　　　　12月28日

中央首长
接见天津代表的讲话

天津大学

八一三红卫兵

《淘槽文字》

１９６７.８.２３天津

第一次接見

時間：一九六七年八月十五日晚9:45～十六日晨1:00
地點：人民大會堂、安徽廳
與型人：陳伯達、謝富治、鄭維山等三同志，天津領導小組成員池峰城、楊銀聲、五個會代表，大聯籌代表等二十五名。

会上主要听了"反复辟"的发言，在发言中插话，现将整理如下：
你们大都是学生吗？（答：大部分是工人）还有哪位 工东的是洋关、八二三的楊長煥、一会就到，今晚不到、明天到。

陳伯達：上次哪些人到会请举手（首先中央首長听了天津代表的天津問題的意见）。天津的問題鬧得很久了吧！还是快解决了吧、乱得糊啬可以了。天津和平路劝业场、乱得走路都不好走了、虚白那事都可以隨便会走。乱得可以了 有些問題还需继续解决、所以打批大家一趟你们覚得乱够了吧！（答：乱够了）今年春天乱了一通、前一天又大乱糊乱一通、全国来说、就是糊啬可以的了。

謝：（天津比北京上海乱）天津在全国说是第二大城市，乱就第一、
陳：乱得够了吧！天工八、二五来了没有？
天工：来了。（汇报情况、当敍述609挑起武斗時）

謝：我打断你一问、天津同志来到北京多次了、天津就二次也是多次、伯達同志作过指示、武斗破坏了工厂、是造反派不願意这样做 我们伟大的领袖毛主席讲出了、要关心天津这样大如工业城市、今天伯達這話又敍来、希望同学们、工人同志们、最体的就不要讲了。天津問題的关键研究、如何解决、按本質的問題、主席的指示 四天又主組的指示、关于哪派的事快天以后、多得很、這批老帅、就這我们好得、今天可以听两派的观点、你们主要抓思想可以谈、如班単的问题、如伯達同志所说让继续乱、还是解决、你们哪关是工支左、希望你们有什么意见統、讲出来。向他们学习。

趙他敘（八、二五）：（继续汇报关于609的电报指示時、讲題目……）
陳：不要讲究题目、要讲究内容、这是对你们的爱护，听说你们接受了这个意见、这个很好嘛！我们还是欢迎你们这个态度的。
白（工农学）：介绍工农学来历。
陳：工农学野战兵团、踩村世的。
白：继续谈到关于电报的煽动作用。
陳：没有煽动性。（在谈到工矿企业時说）你们是踩村世的。
趙：（谈到李雪峰時）我们强烈要求李雪峰低头认罪。
陳：是不是低头认罪、以后运动期间李雪峰不在天津、你们的所摘、无的放矢。
趙：谈到资本主义复辟時举一个学校冤枉书记上台的例子。
陳：一个学校、一个单位被夺权就能搬到全书嗎？就称资本主义复辟嗎？
趙：继续汇报。

陈：阎达开在你们那儿住过吗？李颉伯住过吗？

赵：阎住过4～5天，李也住过。

陈：天津的问题不是一下子就能解决的，中央上次揭不出，没吸收的造反派还要继续吸收。你们是没吸收的，还是你们不参加？先用想一个问题。

王德戒：（提到张淮三时）张淮三是我来自抓住的。

陈：这是我和解学恭研究后交群众批斗的，怎么能说陈伯达抓起来的呢？……

（讲到干部问题时）天津干部站出来的很少，天津工厂、企业里干部站出来不多，有些犯了错误不是大的，严重的，可以做自我批评得到群众谅解可以站出来工作，我出去这样说过。但是我要说不作自我批评（揭站出来），这样群众就怀疑了、一般的错误的干部，也能站出来的若没作自我批评的要补上自我批评。

八、二五：有人说天津驻军就是好！好极了！……

陈：不许太坏（鼓掌），你们不要鼓掌，这样他们会不高兴的。你们的气氛很好。

张来明：（在楼）提到天津武斗有黑手、认为是刘政。

伯达打断他的汇报说：你们讲得差不多了吧！五代会讲么吗！

谢：（黑手是刘政），不可靠吧！

陈：你们这是转想的。

谢：不要因为武双长了陈再道，青海来了赵永夫。只有一个陈再道、只有一个赵永夫。搞反革命叛乱行为问题是严重的。是针对伟大领袖毛主席和林付主席的。其他地方的解放军在支左中也有这样那样错误，天津问题是否有这样那样的错误。但有一个问题要注意、大家不要这样喊、什么张家口、石家庄、保定都抓陈再道。天津有错误缺点不要上纲太高。上高了还得再降下来。小将上了纲我们可以尼谅你们。我们刚侄解放军，天津的情况我不了解，但我知道陈伯达、江志同志讲出天津驻军是好军队，好军队不等于没有错误。

陈：在一二月份天津大乱中六十六军起了很大的救急作用，当时公安局秩序瘫痪了。去年十月份我跟王力同志去天津一次，在支派处吃了顿饭、乱得呆不下去，就走了。听说六十六军接管了以安局稳定了局势。群众放炮很多，这说明了天津市人民的心情

大联合：谈到传单按语（三五二七厂的问题）

陈：按语我记不得了。天津最近三件大事。北站调度室，两个军工厂破坏、我们打球派人调查、派公平的实事求是的调查。我不赞承破坏工厂、不管理由多大、破坏国家财产我是不赞承的。

在谈到野战兵团时：

陈：对这个组织群众要教育、帮助他们看清他们的真面目、与张淮三划清界限。

五代会为西发言（抗赵王）：刘策央、李立三、

陈：今天我和谢富治同志都有事、就谈到这里，希望你们也到五

相谅解，首先达成一个付止武斗的协议，如果不能把武斗付止，不达城协议、不付诸实行，他多半时就没法做，大象在火头上，听不太进对方的意见，就要乱下去了，因此搞一个制止武斗协议，去为派三到五个人就可以互相达成。不仅要付止武斗，还要落实，要有具体措施。听说你们大男或装起来了，大男关四割有了。刀、槍、炸药都没道。这些问题在协议中目已解决，我们不强加给你们。中央文化革命的决定就是群众自己教育自己。两方达到协议，否则就无从谈起。军队一个代表、公安局一个代表、协议在你们各派范围的讨论，你们自己作主张。我们不包办代替。

你们有许多多心人、文学家、说话比我说得漂亮，我比不过你们、你们赞成不赞成？

现在中央很繁忙，无主席很关心天津的问题。因为天津跟北京有联系。你们如何诈仲长坏天津吗？天津就是画天的路。到北京要经过天津、是伟大祖国首都的门户，你们有很大责任，对伟大祖国伟大领袖的希望、你们是有责任的。

协议要有具体措施、步骤。不过看来你们已经干一场的样子，已经斗起来了，还不是可以不斗吗！都主张文斗，不主张武斗，核今天文……

【紫接下页】

明的态度，可以达到协议。

郑维山：许多地方都在这儿达成协议，把他们的协议发给你们参改。

谢富治：我同意伯达同志的意见。目前形势大好，一年来把刘、邓、彭、陆、罗、杨、石、陈打得落花流水，要把他们批深、批臭、批透，他们还没死，我们还要继续批判，党内一小撮走资派不甘心，其表现之一就是制造矛盾，挑动武斗，用某些人头脑中的私字挑拨离间，这是一股歪风，不符合伟大领袖毛主席和林付统帅的伟大指示，干扰了我们的文化大革命。我们要熟悉文攻武卫的意思，不要歪曲。武斗是群众不喜欢的，你们领导人要注意，领导人不注意就控制不了，控制不了就要走向自己的反面。工人和大学生要忡得爱护国家的财产。把武斗搞得老鼠过街，人人喊打。

陈伯达：你们可以参观一下北京的西单商场，先行止武斗。

谢富治：领导人不要作毛主席不欢迎，林付主席不欢迎，中央文革不欢迎，特别是革命群众不欢迎的事。所有北京到天津去的学生都统统回来。

陈伯达：我说了好久，要到天津去，还没有实现，怕到天津去你们不能很好与我合作，现在搞了协议，就可以去了。北京的三结合大联合很好，你们要好好学习，你们天津要后来居上，那时向天津学习。

谢富治：不少的好经验要学，有些怪理论、坏东西不要学，我们北京要向天津学习，我们北京工作作得不好。

陈伯达：乱七八槽的东西都上纲，不要学。北京到天津去的学生有没有起好作用？

今天的话不要上街。　　（本次接见结束）

陳伯达、謝富治、郑维山接見天津代表

时间：8月16日22点30分至8月17日2点30分

地点：人民会堂安徽厅

（一洪来）

陳伯达：你们打电话了没有？我们这是重庆谈判哪还是什么谈判了怎么能随便扣人呢？（向工代会林起予，林答：扣了十几个都放了。）

（大联筹就抓住这个机会攻五代会）

（大联筹说我们也放了。）

陳伯达：（对大联筹）你们也不要太高明了，大联筹抓了几个？昨天放了几个？

大联筹：我们要按你昨天的指示……

陳伯达：我是普通老百姓，没有什么指示，是跟你商务的。

大联筹：今天消息上于了，说反复辟承拐不堪……这是河大八·一八孺子牛战斗队写的。712厂试验土炮打伤了两个农民。

陳伯达：不要扯得太多了，一个一个地讲，先谈放人的问题。试土炮怎么会伤农民呢？（疑问的意思）

你们昨天神气十足！不是承拐不堪，昨天都是你们讲了，五代会一个人说话还没有说完，每个人都想捞根稻草，五代会神气不够，想搞点心理战，搞点消息上于，这也很难怪了，不要搞心理战，要讲老实话做老实事，心理战是帝国主义发明的，首先是美帝国主义，第二次世界大战后他们就搞心理战。

人都放了没有？在这里全是实事求是地谈话，如果同意的话（搞15日晚双方协定放人一事）就见之于实我行动。你们不是欢迎我到天津去吗？那就放人。我对你们的话是打折扣的了。谢付总理质问我："看人到底放不放，你说的话怎么不称数？"怎么你们答应了不算数了？我们是帝国主义之间谈判还是群众之间谈判？我们不是重庆谈判。人都要放，一个也不要剩。你们记那么多干什么？（指记录者）你们（指大联筹）既然讲大联合，"反复辟"风格就应该高一些，你们抓的人多一些，应当放。你们想搞一个圈套，你们有你们的策略，我们不是三岁小孩，我们经历了几十年的政治风浪。可能我们的政治经验很老，尤其是文化革命的，才一年多又没总结。但是不是三岁小孩，有一年多的经验，几十年的政治风浪。搞心理也没必要。昨天没放就赊了，今天放，十二点钟前全部放完（此时近十一点）。不放就不谈判了，会就不开了。你们都要签字，条子放在我这里。道理很明显，群众组织不能抓人嘛！抓人能解决问题吗？

此时五代会和大联筹各派三名代表到陈伯达桌前签字，保证放人，天工八二五赵铭敏签字后讲："我们俘虏了200多人，已经全部放了。）

谢富治：　俘虏这个名词就不对。

陈伯达：　宣战了没有？不宣而战要不这么何俘虏？谢付总理和郑维山同志都身经百战，怕得什么是俘虏的，我们现在是认真地严肃地跟你们谈话，不是儿戏，什么俘虏的，乱七八糟。人都送到军管会去放，实事求是吗？现在休会，回去打电话放人，放完了再开会。地痞、流氓、坏人、窝盗，可以群众协助抓，别的都不可以。

　　你们订了协议没有？给我们看看吧！

　　八一兵、卫东那两个人字头就让他们到会（有人说：已放他回去了）无产阶级的首都不能抓人，要让他们来吗！

谢富治：　谈判期间武斗要扣分的。

陈伯达：　我们社会主义国家有集会、结社自由，但没有抓人自由，不管怎样你们都是全错的。放完了我们再谈话。十二点以前放完，说到做到。

17日凌晨2点30分陈伯达、谢富治、郑维山同志回大厅

陈伯达：　人都放了吗？各方找一名代表回天津去。（然后各方去一名，加一名单代表乘車回天津处理放人的问题）

谢富治：　祝你们今晚胜利归来。（指回津代表）

陈伯达：　大家要合作（然后伯达同志走开座位与回津三位代表握手），这回大家就可以安静地放处问题了。武斗的问题可以订二、三条，不超过一页，最多不过两页，简单一点就行了，条文太多你们也记不淸　简单明了。　你们对軍队有意见可以提嘛！郑维山同志是会欢迎的，会听群众意见的。

（陈伯达同志叫警卫员拿来一个三角刮刀式的匕首，出示给大家看后）说　用国家财产搞这个玩艺儿，一戳就死了嘛、　协议要包括这些玩艺儿。这是国象财产，不能制造这些东西。包括武斗的问题怎么处理，你们知道我就不多说了。怎么工人自己干自己呀！学生也不应当吗！这个東西能打死人，並不等于会打仗。这个東西我看的不少，从去年冬天就开始，现在好象更精緻一些就是了，过去比较粗糙。还要这样干嗎，接导要讲道理嘛！对保守组织也不能这样嘛！錯誤都批嘛！破坏工厂、烧房子成什么样子？烧房子就能解决文化大革命问题嗎！那我们就　烧几间房子。（问大联筹）烧了几间房子？（大联筹　否认，工代会揭底）。

都是国家财产，为什么把这些气放在这上百呢？不能用国家财产制造武斗　挑动群众互相残杀是有罪的，不应当这样干。协定不一定把我的话都写上，写几句就够了。再不准烧房子了。

郑维山：　我们都是革命群众，打总是不好的嘛！

陈伯达：五代会问题你们可能争论比较多，如果协议能成立的话，五代会的问题就好处理。你们以哪派为核心都不要这样想，从大局着想，无产阶级着想，在全组口的利益着想，从毛主席的革命路线着想。不以某为核心，或从我这个组织为核心。不要以为人多就为核心。当然可以讲的，讲讲也没坏处。如果能立正确道路，毛泽东旗帜下少数可以变多数。只要道路正确，并不怕孤立，少数总归会得到多数。如果道路不对，走得不符合毛泽东思想，虽然多数，最后终归会孤立。这样才好商量。你们是无产阶级文化大革命的政治协商会议。不要想你一派压我一派，以我为主。你们"大联会"就有这个问题嘛！搞这么个"大联合"就是我比你大。如果为一小派别利益我看就没多大意思，如果为了"我"就更没多大意思。

你们要几天功夫啊？主要两个协议：武斗、五代会，也可以三个，加个夺权小组的协议。

五代会是扩大加强的问题。扩大究竟扩大到多大？加强到多强？你们讨论吧！我们不包办代替。你们高兴就行了。看又花多少时间？要不要一个星期？

谢付总理：伯达同志讲的我很赞成。如果天津条件成熟或加一把力就成熟那就要认真个决这个问题(指成立革委会)。你们小将意书增加人也可以考虑。从全口来讲天津 形势 基本成熟。中央文革关怀，伯达同志亲自领导，当然首先依靠广大革命群众，我们帮一点忙。我们未做一点贡献，主要是你们。我是伯达的小学生。

陈伯达：说的不对头，怎么是我的小学生，是毛主席的小学生，群众的小学生。

谢付总理：是毛主席的小小学生，伯达的小学生，群众的小学生。上海现在已成立革委会了。天津比较早提出成立筹委会的。你们各派领袖如果再增点人，前似 群众 这件好事那就大功告成。如果不成，总要有点收获，就是武斗停下来。我们不光是为了停止武斗，希望向前一步。如果人不够，再来50或更多。如果能成立革命委员会，那时，我们可以去祝贺。

本来我们想多听听你们意见，这派都听了(指大联筹)，这派很对不起(指五代会)我不了个情况没发言权，伯达同志了个情况，有发言权。

陈伯达：这意见很好可以考虑成立革命委员会的问题，他们自己协商试试吧(对 天津 谢代总理说)，你们50人先讨论。

郑维山：首先个决武斗问题，然后别的。

陈：刚才富治讲的成立革命委员会你们考虑，成熟了就干，不成熟不干，中央不逼他，这样好不好。你们是不是住在一个楼？最好到一个楼。

谢：创造一个解决问题的良好气氛，到一个楼去。

陈：在一个食堂吃饭，不要那派吃饭，那派就不吃，可一齐吃。

谢：那之（指4月10日）估计天津形势要超过北京，结果天津迟了四个月，天津是工业城市。

陈：这说是工人阶级占优势，工人阶级领导，工农联盟、知识分子参加。要协商，人多、人少无关，不在于人来多少。（此时吵得历害）今天的火药味比昨天严重了。还是平心静气地商量。

郑：协议达成前双方不能武斗。

陈：武斗那就丧失了天津的，天津工人的，天津革命派的荣誉，丢人了。

陈：提议八一三（相玉俊）；卫东（宇泽光）让他们来吗！上次接见了的，不要在北京撅。

陈：八一三，卫东都是造反派，他们抓叛徒立了很大功劳，八一三，卫东随后赶上去的（郑维山：不是八一三，是南大八一八）南大八一八来了没有！（体院代表：没来）也可以来嘛！

谢：八一八，卫东抓叛徒有功，八一八还没来，可以来嘛！

陈：天津日报是无产阶级的　党报，要抓这个报纸。

陈：油田这个问题怎么解决？

谢：让38军的那个也来好不好？

陈：油田不能去掉。

陈：明天达成协议，明天晚上就开会。

郑：空军的来了。

谢：海军、38军派人来，但只相信那个军队，不相信这个军队，是不对的。

陈：六八军对天津起了很大作用，功劳是主要的，有意见可以说嘛！提嘛！你们不要在天津搞什么陈再道，你们把刘政同志当成陈再道啊！不是陈再道就不是嘛！

谢：我赞成。

陈：陈再道是反革命嘛！就这样吧！如果执行了，我说至了没关係。

　　　　　　2：30结束

陈伯达、谢富治、戚本禹、郑维山

第三次接见天津代表的讲话

时间：1967.8.18凌晨1:15～4:30。

地点：人大会堂安徽厅

被接见成员：天津革命委员会筹备小组：江枫、杨银生；五代会代表25人；大联筹委（反复辟）：25人。

陈伯达：昨天派去天津的汽车回来了吗？今天听听你们的意见。情况怎样？（反修锦纶厂杨成明站起来说：我们汇报一下）要实事求是，只能说真话，不准说假话。事实最雄辩。今天弄不清楚，明天还要弄清楚，今年弄不清楚，明年还要弄清楚。我们的这场斗争是无产阶级同资产阶级两个阶级的斗争，是社会主义和资本主义两条道路的斗争。这个斗争不是今天说了就能解决的。我们是耐心的。有耐心的！我们准备持久战，看你们要搞多少年，就搞多少年吧！大家不讲事实真象，包庇自己，不肯暴露自己，不肯揭发自己，就要失败！时间就会拖下来，对无产阶级利不利？对人民群众利不利？对革命利不利？对全市革命群众利不利？你们一定要拖吗？拖到水落石出，还是你们自己水落石出？还是别人揭个水落石出？我们要实事求是，要按无产阶级作风办事，不按资产阶级作风办事。资产阶级的作风是搞假情报，假材料。无产阶级不是这样。你们说话我们欢迎，但希望你们说实话，敢于暴露自己的缺点，一句话，就是真话，要有自我批评，这样才会受全市人民的欢迎，受革命派的欢迎，受毛主席的欢迎，这就是我的个开幕词吧！

（杨成明汇报去天津调查杀人情况——略）在汇报过程中陈伯达插话："于泽光，杨长俊来了没有？"（答：来了）"为什么昨天没来？"（答：因为观点不同）"不同观点也要听，观点不同是正常的了嘛！观点不同不要撤走吗！这一条还是要遵守的。"

（当杨成明提出要把他们被打死的尸体弄到北京验尸时）谢富治同志插话："打美国死了可以，打内战死了人送到北京来不行，我们不收！"

陈伯达：随便说两个小意见。"反复辟"这个定义究竟怎么样？你们（指"反复辟"）为什么要搞"反复辟"？个人考虑考虑！说反复辟是说天津搞了资本主义复辟吗？这值得好好想想。如果天津不是这样，"反复辟"这个词就不要用。"大联合"还是可以的。你们对反复辟也讲不出什么道理来，值得三思。多想想，是不是复辟。

（这时双方就调查情况和天津武斗情况展开了辩论。辩论到是天津是不是资本主义复辟时）陈伯达同志讲："什么叫复辟？天津是有人搞过复辟的，四清下台的人重新上台。听说小站搞得一塌糊涂了，但时间不长。小站是资本主义复辟，天津有过一段复辟经验。什么是复辟，什么是反复辟，要总结。"谈到天津驻军时，伯达同志说："天津驻军作了很多工作。"当五代会谈到天津的资本主义复辟是李立三、刘策夫、梁寒冰、阎达开把黑手伸到天津，破坏无产阶级文化大革命时妄图搞资本主义复辟时，陈伯达同志说："李立三是修正主义分子，修正主义分子。"下边五代会高呼"打倒李立三"的口号。谈到捆人向县时，陈伯达讲："抓人有目的什么，干什么用，我不理解。"

（双方代表继续辩论。戚本禹同志详细地听取了双方的汇报，对杀人放火特别重视。问什么地方被火烧？怎么烧的？谁放的火？在辩论下，八二五廿承认放三次火。）

戚本禹：严重的杀人放火事件要处理，今后谁再搞杀人放火的事，到一定程度就宣布它是法西斯组织（鼓掌），由少数法西斯分子操纵的法西斯组织，今后是一条简单的　标准、谁冲击、谁负主要责任，谁抓人谁负责。以后要通过一些事来检验一个组织是不是革命的。谁杀人放火谁就是法西斯！今后哪个组织再搞这个，就给他戴上个帽子，事情是有个量变到质的过程的。（当"反复辟"提出五代会到商店买了多少根棍子、武器时）戚本禹同志说："别说了，难道你们没买吗？你们一定也买了。""反复辟"回答："我们没有经费。"戚："你们没有经费是真的吗？我看不是！在你们掌握的地方，你们经费很富裕、很充分。我们不是三岁小孩子　认谁在这买些东西，就和工资糟蹋国家的损失

（工农学联成兵团白金生：进攻2527厂和609厂是我指挥的，我负主要责任，如果这是犯罪，我是罪魁祸首，先枪毙我。）

戚本禹：你还是英雄好汉。以后不能再搞（指看向白）你们那个组织就是跨行业的，中央是反对跨行业的组织的。（白金生答：我们已经到各系统，只有几个联络站了。主要是工人。）

戚本禹：我看联络站也不要搞了。

（双方继续辩论）

戚本禹：清洁很重要，各个组织都可以派人去调查了解一下。学生现在也没什么了。要查看哪些被挑去清洁的人。清洁是个特殊的地方，不论谁挑起武斗，都要中文系。文[illegible]通令也说。清洁在外国人，你们要照顾国际影响。过去上海港口有过这种情况，但很快就扭转了，这才是造反派。造反派要关心国家财富、国家财产。

谢富治：大的各广场[illegible]吃有油，因为武斗打仗就停止生产了。

戚本禹：今后谁再停止生产谁就是犯罪！工厂生产时间不闹革命闹革命可用业余时间。如果生产时间调人去武斗，就给他戴个帽子，由中央文革去处理。再一个问题是，建议各派取消军内一小撮的提法。因为你们现在你们还不能给解放军定案。毛主席教导我们，要相信和依靠解放军，解放军有缺点有错误，可以提出批评。就是在支左工作中犯了方向性路线性错误，也是和地方上党内走资本主义道路当权派不一样的。地方上的走资派有一套完整的组织路线。天津在万张统治了十七年，他和军队不一样，特别是野战军。党内走资派和一个人和军队那两个人也不一样，有本质的区别。军队和地方上不一样。他没有一套的安排，人民解放军是伟大的，不然，主席为什么提出向解放军学习？既使军队有错误，也和地方上有原则区别。不要提"军内一小撮走资派"。陈再道的例子是个别的，别弄得那里都揪陈再道，不要笼统提。天津驻军有没有一小撮走资派？现在还看不准。解放军在经过考验的。去提解放军也不要计较，既往不咎。伯达同志（接下页

（接前页），你同意我的意见吗？

陈伯达：提"军内一小撮"是错误的，那是对武汉说的，陈再道是反革命吗！不要神经过敏，那里来的那么多陈再道！

最后，伯达同志讲双方立候止戈的立即停止武斗的协议，边读反伯达同志说："明天最好把塘沽和大四一厂油田同拟立个协议，不许破坏协议，谁破坏协议，谁有罪。

戚本禹：江青同志说过，谁破坏协议，谁就是蒋介石！

陈伯达：昨天抓的人，要放了，达成协议的，谁再抓人，谁就是犯罪！

五代会谈反复挖这个人和国家财物权

陈伯达：发横财是受良心责备的。

戚本禹：不要怕，有些分让他暴露一下也不错，先给他一个月，一个月不行二个月。要发动群众检举 挖动国家和个人财产。杀人放火的坏人。善有善报，恶有恶报，不是不报，时机未到；时机一到，一定全报。这是双方达成立即停止武斗的协议，是给陈伯达同志亲自修改的，在修改群众组织不准冲击军队专政机关时说：天津市的公安局是好的。

（以上记录没经审阅）

最高指示

彻底的唯物主义者是无所畏惧的、我们希望一切同我们共同奋斗的人能够勇敢地负起责任，克服困难，不怕受挫折，不要怕有人议论 讥笑，也不怕向我们共产党人提出批评建议。"舍得一身剐，敢把皇帝拉下马"，我们在为社会主义共产主义而斗争的时候，必须有这种大无畏的精神。

陈伯达 谢富治 郑维山
接见天津代表

正席的首长：陈伯达 谢富治 郑维山

时间：8月19日 凌晨3:30~4:30 地点、人民大会堂安徽厅。

陈伯达等首长进厅，大家热烈鼓掌。

陈伯达：不要鼓掌停了没有？我来了你们鼓掌干什么呢，你们

认为鼓掌我们就高兴，不会高兴跟你们谈那么多，谈几天的话，不是跟你们开玩笑，觉得我们是可以玩弄的，大联合的你们干什么？（生气地拍桌子）

白金生（二农学）报告首长 今天发生的事情（指游行武斗）我们的调查……

陈伯达：把人都放了，今天抓的全部放出来。

谢富治：不是今天是昨天了。（因已凌晨3点多了。）

陈伯达：啊 对 是昨天了。我们一天没睡觉（温和的声调）。很高兴受你们玩弄现在可能不是你们玩弄我们（大声地）可能你们受一些坏人的玩弄，你们应清醒了，被坏人操纵你们被玩弄是最大的悲剧 我们是想挽救你们的，前天我就说反复辟，我既怀疑，我根本不相信。为谁反复辟？为地主 为富农？为资产阶级 为流氓 为地痞？前天 我就问 按中央对天津的指示办就是反辟吗？你们对抗的谁对抗的是什么呢（声调高）我替你们担心！（温和地）你们要当心啊。

赵处敏（八二五）陈伯达同志我要求发言。

陈伯达：你已经发言不少了，你是个理论家，但是什么理论家还不一定。

赵处敏：我不是理论家。

陈伯达：你可能是小小理论家。

赵处敏：昨天五代会游行 因为他们过去拿着棒子游行 欧打群众群众非常憎恨因此昨天游行群众冲击了他们……。

陈伯达：不要说了，我搞过游行 小的时候 七八九岁的时候就参加游行 演讲，是在家乡在上海。游行群众怎么会打呢？群众不怎打嘛。

谢富治：游行的一方是否在游行时刺激另一方？

五代会：介绍游行的情况。

谢富治：这个问题是否大联筹处理了。

任学明（十八中红旗）：我汇报一下游行情况。

白金生：我们不是有组织有计划的。

陈伯达，不要讲了。

谢富治：你们要小心啊！（指八二五等）是不是队伍控制不住啊

白金生：保证不是有组织有计划的至于说冲击队伍……

陈伯达：我替你们担心可能不是你们有计划可能你们控制不住，你们队伍庞大复杂你们队伍这样庞大复杂就祿是都是好人你们也有上当的可能这一点不排除的你们在这谈判就有人在那破坏。我们现在还这样想就祿你们签字是有诚意的是诚心诚意的但具有人破坏。有坏人要破坏协议我们是在阶级斗争中激烈的阶级斗争中。你们说，食片阶级剥削阶级能自动退出历史舞台吗，不会的，不能自动退出历史舞台他们就要利用一些人有人可能不自觉地被人利用了，可能你们都是一些好人但你们要担心哪。

白金生：我的历史请首长到天津调查。

陈伯达：你是蹬三轮的，多大了？

白金生：是蹬三轮的三十四岁半从二十九岁蹬三轮。

陈伯达：家几口人？

白金生：我五口人加上我哥哥在我那我简单谈谈我的历史吧！

陈伯达：你谈谈看。

白金生：谈自己简历（略）上次伯达同志说我不象三轮工人，好象我不是蹬三轮的。

陈伯达：（略）那是顺便说一句行动上象不象但不能以貌量人。

白金生：我们有好多批要向中央首长说但长不去五代会的都很快反安上去这里面反映情况不公平……。

陈伯达：你们可以知道的我们怎么不可以知道呢。

谢富治：都要公平合理。

白金生：最近注去我们那里没去（指支左没去）

谢富治：两方都要去你们怎么不去（对刚钦生江枫，我不同意的。

二代会：最近我们这方也没去。

大联筹：群众冲击了我们的队伍但不是我们哪个组织冲去的请提正来

陈伯达：不受群众欢迎，怎么会打，我了解群众的不会打人的。

体育公社提出证据证明有组织的……（略）

陈伯达：我现在想这个问题。这个会还开不开的问题休息几天的后诚心诚意再来同时看你们哪派家里是不是有坏人我和谢付总理有别的事情，有点吃不消了。本来这个协定成天我很高兴的从昨天样子看，求大可能的是不是我的脑子要冷静一下这几天我受的刺激不少你们回去几天再来我们欢迎你们来。都不要捞稻草你们组织内是不是混进坏人我不好说没查清，两方都有捞稻草的味道稻草有什么可捞的，一捞就断了嘛！天津小站有稻草，捞又试又看。不要尽想捷径吃饭，靠劳动吃饭。

筹游沛同国机革命促生产的问题要比成协议，（说完陈伯达同志请王光去） 大联筹读改名代表纲领的公 开信。

谢付总理：给你 写信精神可住。

谢付总理：家里玉头了情不要看的过重几万人控制不住，只要你们两派都抓大方向，就是大批判，搞革命大联合。学习主席著作，抓革命促生产，坚持文斗，搞革命三结合这是大方向，这是伟大领袖毛主席教导我们的，林付主席、中央文革告诉我们的。文化革命就是政治上、思想上、理论上革他们的命。（走资派）有的从左的方面，有的是从右的方面干扰我们的大方向。你们是无产阶级革命派就不要受干扰。过去的问题就不要追查了，大联合八二五也有好的意见，驻军有缺点有错误反复变，但不是陈再道性质的。八二五的同志不要抓住缺点错误就想在天津大干一场。你们不要造成革命的错误，大干一场，引起北京注意。你们好好地队级整顿一下（指大联合筹委），我们要向前看。

我们再看19号、20号、21号三天，看是哪方破坏协议。老账不算了。你们还是采抓这，不用急，好不好，继续搞抓革命促生产的协议、油田、塘沽的协议。然后再搞天津革命委员会、夺权小组的协议。

伯达同志来先了，就不要来先了。（伯达同志不在）

郑维山：今天是不是地抓革命促生产、641、塘沽协议搞一搞。

4：40 会议结束

起立时，卫东张国荣大声说：谢付总理，政法公社的狗题我们想跟你单独谈一谈。

谢富治：政法公社问题我不管，那是天津的问题。

— 完 —

天大八一三
飞扬文宗（战斗队）

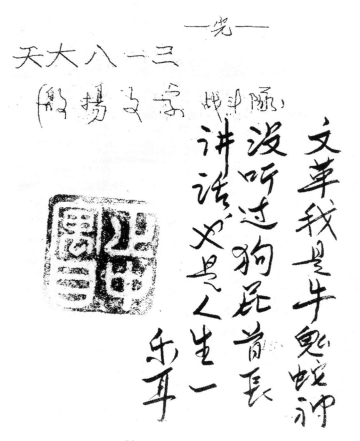

文革我是牛鬼蛇神
没听过狗屁首长
讲话少点人生一
乐耳

中央首长第五次接见天津代表记录

时间：一九六七年八月二十四日晚十点半至八月二十五日凌晨二点。

地点：人民大会堂接见厅。

领导人：谢富治付总理、郑维山同志等。

谢：心机你们辛苦了很久了，伯达、戚本禹同志很忙，不能参加，戚不走吧，请原谅。伯达同谷主持其它会，戚本禹同志听汇报去了，我也有事，挤时间来之，再不来就搞不成小，这几天有成绩，主席思想学习高，这是好的方面，但也有小问题，一个是武斗，什么功业好听说起来了，双方送军协议签吗？五代会大联筹都要送签执行，已经说好了回去都要执行

一个是抓革命促生产的问题、塘沽港问题、641问题

大联筹、抓革命促生产的协议通过了，没有签字。（读排议略）

谢付总理：不赞成举手；（全体举手通过）内容周到，商议很好，很好，签了字要执行吗！下一个协议。

六四一厂赤凤读协议。

谢付总理，协议很好！（大家鼓掌）

六四一厂大联合、扩建的厂利题。（对立面反对，双方吵了一通）

谢付总证，可以让军管去进你们，但不要写在牌子上，你们不要借机心

侍：乱捆攻击，不作自我批评，我不听了！

柏-大联筹：枪的问题，为什么赤凤把38军枪拖了给六十六军。

谢付总理：六十六军和卅八军是团结的。

郑三生：枪军交给卅八军了

周付总理：肯定些。

郑三生：写交[通]（大声了）：总和四八军交换门意见。（双方又吵了）

谢付总理：不要讲了，几个协议就有效。

641厂大联合：要求恢复到七月十七日以前状态。

谢付总理：不要讲了，派代表签字，一个方面派三个人，这个不是闹玩笑的。谁读这个东西？（指唐店港的协议）

唐店代表读协议：

谢付总理："我看不错呀！其实的不写了，有什么不同意见。天津港很重要，要有责任感，一天付出400万人民币，等于五、六万农民一年的收入，这是小事，重要的是政治影响。进口的工业，妨碍生产和其它损闲损失就更大了。如果是革命造反派就不能封锁港口，就使是造反派也不能什么事都干，上海的革命派我们很佩服，一、二天港口就搞通了，天津要关心港口情况，如果关心就得执行协议，你们两派都要帮国家和人的忙，任何人不得封锁港口，军队要保证天津要动员一批造反派有技术经济的工人去，中学生不行，大学生也勉强，农村来的可以，吗大学抽调质方来，把港口疏通是最大的国家利益，最大的人民利益、革命利益。

（双方就抓人、放人闹争吵）

唐店：一女同志发言，讲一只护港队……

谢付总理：讲别人话你不听，（拍桌子）哪个人有自我批评就听，强迫对方一踏拥望，百分之百的马列主义，你也代念100%的主席思想？靠不住，你大联合200%的主席忠席，更靠不住。（女同志发言，谢付总理双手捂肩摇头说："我不"）

王化念：花现在天津贴诗语，协议有人经常去撕！

谢付总理：撕协议的当场抓下，解放军抓行，问清单位、姓名。

（王化念念批议，又吵一阵）

谢付总理：（北京调查组立天津，可以调画）不要讲了，要持续起大规模地去也运动，热衷武斗歪风，不符合人民利益，并干下去没有好下场，恶霸雄师就是如此。要基止武斗，不然双方打了人坏人也会站牢了，群众有了抵触情绪，到那时就无法控制了，我们国家和群众里有坏人是不可能的，少数坏人还是有的，你们正这里谈判，也是有人反对，大概蒙有王化念也在，不仅反对，还干扰。同志们要记住这，威专师是代表中央文革的，是按主席思想办事的。我个人水平很低，不会讲话，你们拥仪伯达，威专师的话，还是相仪某个小头头们，你们相仪哪个？（众：相仪中央）

谢付总理：你们不要受干扰，要掌握大方向，要坚定不移，坚定、坚定再坚定，如果你们被别人拖下水，就会被别人牵着鼻子走，天津四百万人有没有坏人吃，5%就有20万，这太多了，1%有四万，0.5%有二万，0.1%有四千人，一千人有一个坏人就有四千坏人，要有警惕性，他们煽动武斗，牵动工厂停工，劳动破坏，希望港口堵塞，但不得随便抓人，打些打冲锋的人不一定是坏人，你们说有没有道理。（双方吵吵起来）

谢：民憤能发泄出来就好了？你们两方都有几十万人，你们连半个坏人也没有？四百万人没有一个坏人是不是马列主义？

众：不是！

郑维山：（1）、搞群众性的大喜传运动，使之人人皆知。
　　　　　（2）、天津破坏治安问题不大，偷奸、抢劫的要处理。……

谢鹏敏：（八二五）：造谣的怎么办？（唸传单）

郑维山：你们意见不要理？

众：要理！

谢：没有一条做自我批评都不符合毛泽东思想。（念语录P273）

　　（又吵了一阵）

谢：不讲了，达到了四个协议。（1）制止武斗；（2）抓革命、促生产；（3）塘沽港口问题；（4）641厂问题。再协商两个问题：一个是五代会参加谁的问题，一个是天津市夺权筹备小组的问题，可以增加人、扩大。（伯达同志肃手作成迅）。马上成立有问题，造反派也加上去，五代会和大联合参加一些，解放军、领导干部也参加一些，搞三结合就成的吆！

谢：南大卫东代表来了吗？（答：来了）八一八来了么？（答：来了）人民日报发表文章，卫东文章题目是什么？（卫东：大胆使用革命领导干部）八一八有意见，你们这样是不对的，你们都要革命的，现在全国广播这篇文章是这个革命阶段所需要的，是全国所需要的，卫东也不要骄傲。这个文章是好的，全国报纸都转载，都登第一版，并加了按语，你们不但要学习，要按这篇要求去做。

　　（双方争吵）

谢：我再说一下，这篇文章是好的，这不是我一个人的意见，是经过商量的，没有干部元来是不行的，又有两、三个干部有人还要打倒，六十六亿年也不可，我们六十六亿年不干了，你三结之人和大学生赵继敏能把天津市包下来？过个十年八年还行，念语录（世界是你们的……）对夺权筹备小组有意见，可以批评，有错谈他们可以再向你们检讨。

众发言·（大联合改五代会 南大八一八改卫东）

谢： 我声明：这篇文章很好，即使卫东几千人有二个人写云有这样的文章也是喜欢的。

　　（众喊）

谢：（念天大九一五的条子，"我们天大九一五临到要求接见，不然就冲大会堂了"）九一五是怎么回事？

八一三：天大九一五是天大保守派及天大苏三单位支持，也不道是份保守通讯，连支左也没有承认他。

谢： 五代会问题 李杨筹备小组问题要协商，必达成协议，但有一条要自我批评 革命队伍内不要争权，不为个人争权。毛主席说要为革命 为党争夺权，不为个人争夺权 我们内部不要这样，今天开到这里，散会，！

天大 八一三 "飞扬文采" 战斗队

一九六七年八月廿七日

华北大学（今人工大学）毕時聽过朱德的报告，很振奋，现在他被打倒了。现在又要听什么狗屁首长的报告，过两首长又被打倒了！奈何？

天津市和平区革命委員会文件

和革政字（71）2号

最　高　指　示

上级机关的决议，凡屬重要一点的，必須迅速地传达到下级机关和党員羣众中去。……

关于进一步貫彻落实中央和市革委
《关于宣传毛主席的形象应注意的几个
問題》指示的意見

根据市革委政治部貫彻执行中央《关于宣传毛主席形象应注意的几个問題》的指示精神，我区于69年下半年以来，曾对各单位塑造的有損于毛主席光輝形象的大型塑像、画像，以及非經正式出版部門审查允許的印刷品，进行了适当处理。最近又发現一些新的情况，需要認眞解决。根据市政治部津革政(70)69号文件精神，提出如下几点意見：

一各级党組織、革委会必須提高对宣传毛主席的光輝形象、宣传战无不胜的毛泽东思想的認識，对这样一个极其严肃的政治問題，必須予以高度重視。凡屬于安放、悬掛位置不当，有損于毛主席光輝形象的塑像、画像，已經損坏，变質的小型塑像、像章和有毛主席形象的宣传画，残缺不全、影响了原意的毛主席著作，应有組織地进行妥善处理。

二、处理工作是一項极为严肃的政治任务，各单位必须加強領导，指定专人負責，由各局、公司、街統一集中，送交区革委政工組秘书組。书籍、紙像、紙画可集中一批送交一批，塑像和像章要在二月底前集中起来，一次送交。今后每年年終，可集中进行一次。

三、妥善处理有揖于毛主席形象的塑像、画像和像章等，是为了更好地宣传伟大領袖毛主席的光輝形象和战无不胜的毛泽东思想。各单位必须突出无产阶級政治，加強領导，做好組織和宣传工作。要严肃認真，注意政治影响。要严格請示报告制度。要提高革命警惕性，严防阶級敌人的破坏和捣乱。

和平区革委会政工組

1971年2月5日

天津市和平区革命委员会文件

津和革(71) 0 1 0 号

最 高 指 示

"备战、备荒、为人民"。"綠化祖国"。

关于立即开展春季植树造林活动的通知

各局、公司、街及基层单位革命委员会：

为了进一步落实伟大领袖毛主席"备战、备荒、为人民"的伟大战略方针，根据市革命委员会关于春季植树工作的指示精神，全区人民行动起来，迅速掀起一个群众性的植树造林活动。

一、认清意义，立即行动。各级领导要组织广大职工认真学习、广泛宣传毛主席关于植树造林的一系列指示，大講《全国农业发展綱要》对植树造林的要求，以战备为綱，把植树造林和贯彻执行毛主席革命路线、巩固无产阶级专政联系起来，在为革命植树，为战备綠化的思想指引下，搞好今年春季植树工作。

二、加强领导，狠抓落实。各级领导要把春季植树做为一项政治任务列入议程，指定有关人员負責。要以革命大批判开路，放手发动群众，实行分片包干，专业与群众相結合，栽树与管理相结合。各单位要根据任务情况提前把人力组织好；把时间安排好，（可适当占用周四劳动日）；把栽树和养护管理工作落实到户、到人；做到包栽、包养、包成活。（成活率要达到９０％以上）。特别是一些任务较大的街和单位，要集中力量打歼灭战。作到：随刨（苗）随运（苗）随栽（树）随浇（水），力争运树不伤皮，栽树不隔夜，浇树不隔天。栽树后立即落实管理，做到养护经常化。

三、发扬协作，支持绿化。春季植树、绿化祖国是全党的利益，是广大革命群众共同的任务，望有关单位发扬共产主义协作精神，在运输工具等方面要支持绿化运土运苗工作，以保证任务的顺利完成。

四、发动群众，搞好管理。为进一步搞好树木管理工作，要求各单位各街居民委员会要制订护树公约。教育群众，特别是青少年爱护树木，防止损害，对于阶级敌人的破坏活动，要坚决予以打击。

此项工作由区城建局园林队和各街革委会协商组织落实，区级机关、各局、公司及有关单位要大力支持，共同完成春季植树任务。

天津市和平区革命委员会

一九七一年三月三十一日

天津市和平区革命委員会文件

津和革（71）0015

★

〰〰〰〰 **最 高 指 示** 〰〰〰〰

我們六亿人口都要实行增产节約，反对鋪張浪费。

〰〰〰〰〰〰〰〰〰〰〰〰〰〰〰〰

关于轉发天津市革命委員会
財貿組津革財（71）11号文的通知

各基层革委会：

现将市革委財貿組津革（71）11号文件批轉市財政局革委会关于"职工借用公款情况和处理意見的报告"，轉发給你們，望認真貫彻执行。

从我区情况看，絕大多数基层革委会，关心职工生活，对职工借款较重視。但也有一些单位对这項工作抓的不紧，同样存在报告中提出的各項問題，必須引起重視。要通过深入批判"浪费有理論"，"公私溶化論"，提高干部、职工路綫斗爭覺悟，認真加以解决。

附：原文

天津市和平区革命委員会

一九七一年四月二十九日

毛主席告訴大家考虑問題要「三·六·九」

即：三面紅旗、六亿人九比一，是是成绩，一缺点·列宁不同意说缺点是

是3:刘少奇任柯胡打散自食果胡月

天津市和平区革命委員会文件

津和革(71)016号

~~~~~~~~ **最 高 指 示** ~~~~~~~~

革命文化，对于人民大众，是革命的有力武器。革命文化，在革命前，是革命的思想准备；在革命中，是革命总战线中的一条必要和重要的战线。

关于举办和平区工农兵文艺创作会演
和美术创作展览的通知

各局、公司、街和各基层委员会：

为了庆祝伟大、光荣、正确的中国共产党诞生五十周年，进一步推动我区文艺革命的深入发展，区革命会政工组已于七〇年十二月十八日和五月八日分别发出"关于举办和平区美术摄影展览的通知"、"紀念在延安文艺座谈会上的讲话发表廿九周年"文艺创作会演通知。对于此项工作的开展起了积极的推动作用。

最近，市革委会发出的16号文件，又拟转了市文化局《关于举办天津市工农兵文艺创作会演和美术创作展览的报告》指出开展此项工作是一项严肃的政治任务，各单位必须认真抓好。据此，再做如下通知：

一、美术创作展览拟于六月初预展。各单位要选择典型题材，组织基层美术人员进行创作。各局、公司一般选送15—20件，各街可根据情况选送作品（数量不限）。经区领展后，对具有典型性、题材新颖的优秀作品，将选送到市参加展览。

二、文艺创作会演拟于五月底进行。各单位要根据区政工组(71)6号文件精神积极认真选送节目报到区文化馆文艺组。经区会演后，将选拔、推荐的优秀文艺节目报市文化局革委会准备参加市工农兵文艺会创作会演。

三、在创作、选拔和推荐文艺节目和美术作品过程中，要组织有关干部和文艺骨干认真学习毛主席《在延安文艺座谈会上的讲话》等文章，深入批判修正主义文艺路线，联系实际，"进行一次思想和政治路线方面教育"，提高执行毛主席革命文艺路线的自觉性。

四、为了加强对这项工作的领导，由区革委会副主任赵文俊同志、区文教局革委会副主任王清督同志、区政工组宣传组副组长何成友同志同志及区文化组、三代会和文化馆各出一名负责同志，组成领导小组，负责领导工作。具体工作由区文教局、区三代会、文化馆组织实施。各局、公司、街也要有一名负责同志抓好此项工作。

和平区革命委员会

一九七一年五月十七日

天津市和平区革命委员会文件

津和革(71)0017号

☆

~~~~~~~~ **毛主席语录** ~~~~~~~~

一个粮食，一个钢铁，有了这两个东西就什么都好办了。

各局、公司、街道和基层单位革命委员会.

区革委会完全同意区综合计划局"关于立即掀起回收废钢铁新高潮的通知"望认真贯彻执行。

搞好废钢铁回收工作是保证完成今年钢铁生产计划，加速我国社会主义建设的一个十分重要的问题。各级领导要深刻认清意义，加强领导，坚持政治挂帅，广泛发动群众，大破骄傲自满，畏难松劲情绪和本位主义思想，抓紧时间，立即行动，掀起一个回收废钢铁的新高潮，打一场回收废钢铁的歼灭战，在六月底各单位都要力争完成或超额完成全年回收计划的一半，以优异的成绩迎接中国共产党诞生五十周年。

附件：如文

天津市和平区
和平区革命委员会
一九七一年六月九日

和平区综合计划局革命委员会

关于立即掀起回收废钢铁新高潮的通知

各局、公司、街和基层单位革命委员会：

在毛主席革命路线的指引下，在全国、市计划会议精神的鼓舞下，全区各条战线积极开展了回收、上交废钢铁的工作，取得了一定的成绩。一至五月份全区回收废钢铁944吨。但是，发展很不平衡，有些单位到目前为止完成计划还不到10%。为了认真落实毛主席"备战、备荒、为人民"的伟大方针，改变钢铁工业"十年徘徊"的局面，保证完成和超额完成今年钢铁生产计划。根据市革委会生产指挥部"关于立即掀起回收废钢铁新高潮的通知"的精神，为在我区进一步掀起回收废钢铁的新高潮，特做如下通知：

（一）充分认识大力回收废钢铁的政治和经济意义，加强对回收、上交废钢铁工作的领导。

最近，要结合传达、贯彻市第三次党代会的精神，总结前段回收废钢铁工作，肯定成绩，找出问题，制定措施，再掀高潮。各级革委会，要有一名领导同志分管并抓好这项工作，当前要进一步宣传回收废钢铁的政治和经济意义。明确中心工作和回收废钢铁工作的关系，迅速掀起回收废钢铁的新高潮。

（二）深入开展革命大批判，把回收废钢铁的群众运动引向深入。

要以毛主席的哲学思想为武器，扫清回收废钢铁工作中的思想障碍，狠批"回收到顶"、"潜力挖尽"、"上交吃亏"等右倾保守思想；批判只清不交的本位主义，提倡顾全大局；严禁私自外流出市，做到积极拾拣、挖掘、回收，及时上交国家物资回收部门，为支援钢铁生产贡献力量。

（三）全区各条战线积极行动起来，大打一场回收废钢铁的人民战争。

六月份，区工业各公司，除组织所属各工厂及时上交正常生产下料外还要抓好经"三结合"小组鉴定后的废旧设备的处理。区文教局要积极发动中小学生除了搞好经常性拾拣废钢铁活动，要求从本月十日起，广泛发动中、小学生利用课余时间搞两个突击周，力争完成全系统上半年上交任务。卫生局、财贸各公司、各街要组织所属基层单位搞1——2次突击活动。区革委会、局、公司、街革委会机关干部要从本月十日起安排两个周四劳动日突击回收废钢铁。

望各单位按市、区通知的精神，立即行动，以回收、上交废钢铁的优异成绩，迎接中国共产党诞生五十周年！迎接全国"四届人大"的召开！

附：各单位1——5月份回收上交废钢铁完成情况表一份。

和平区综合计划局革命委员会

一九七一年六月八日

和平區七一年1—5月回收上交废钢铁情况表

單　　　位	計量单位	計划	调整計划	1—5月实际完成	完成計划%	备　註
合　　　計	吨	3000	2500	944.04	37.76	
五金公司	〃	900	800	345.99	43.25	
机电公司	〃	350	180	60.6	33.67	
轻工公司	〃	25	20	3.08	15.4	
化工公司	〃	20	15	2.07	13.8	
煤粮公司	〃	20	20	5.35	26.75	
飲食公司	〃	30	30	16.82	56.07	
付食公司	〃	20	15	4.05	27	
百货公司	〃	30	30	11.1	37	
教育局	〃	900	700	154	22	
卫生局	〃	20	15	1.3	8.67	
城建局	〃	50	40	5.86	14.65	
区革委机关	〃	10	10	10.18	101.8	区革委综合計划财政局軍管組
解放橋于	〃	30		13.56	45.2	
劝业坊于	〃	45		25.16	56.	
四面钟于	〃	35		10.35	29.6	
甘肃路于	〃	35		11.47	32.8	
小白楼于	〃	45		17.11	38	
民园于	〃	40		18.52	46.3	
体育館于	〃	40		17.84	44.6	
吴安路于	〃	35		22.96	65.6	
清和于	〃	35		26.27	75.06	
新兴市场于	〃	35		26.58	75.94	
南营门于	〃	95		43.46	45.75	
彰兴于	〃	155		65.2	42.06	
其　　　他	〃			25.16		

天津市和平区革命委員会

政工組文件

津和革政字(70)6号

过去以参考消息報须接级别订阅。

────────── ☆ ──────────

〜〜〜〜〜〜〜〜〜 最 高 指 示 〜〜〜〜〜〜〜〜〜

全世界人民团結起来，打败美国侵略者及其一切走狗。

〜〜〜〜〜〜〜〜〜〜〜〜〜〜〜〜〜〜〜〜〜〜〜〜

关于扩大訂閱《参考消息》范围
和审批权限的通知

各基层单位党支部；各区局、公司、街革委会；区革委会各組、办：

根据中共中央中发(1970)66号文件的指示精神，现将扩大訂閱《参考消息》的范围和审批权限通知如下：

一、訂閱范围：

1、工人、解放軍毛泽东思想宣传队的訂閱范围不作变更，仍可按支部单独訂閱。

2、基层单位党支部均可訂閱。人数较多的单位可訂閱2—3份。

3、基层单位党支部委員和革委会成員，中学教职員，均可集体或个人訂閱《参考消息》。

4、区革委会各組、办，各局、公司、街革委会干部均可集体或个人訂閱。

5、区"五·七"干校学員、退休干部和下放干部，均可集体或个人订阅。

6、区各临时机构中的国家干部，可集体或个人订阅。

二、审批权限：

1、区革委会各组、办，区"五·七"干校、区各临时机构需订《参考消息》，（包括集体订阅和个人订阅，下同），仍由区革委会政工组审批。

2、各区局、公司、街革委会需订《参考消息》，由各局、公司、街革委会政工组审批。凭局、司、街党委或革委会证明信到邮局订阅。未建党委或革委会的则由区革委会政工组代盖公章，到邮局订阅。（下同）

3、基层单位及广大干部、教职员需订《参考消息》，均由各局、公司、街革委会政工组审批。每半年向区革委会政工组备案一次，（连同局、司、街机关订阅数字）。

三、注意事项：

1、要高举毛泽东思想伟大红旗，突出无产阶级政治，运用毛泽东思想有分析地、批判地阅读外国通讯社的报道，辨明是非，提高认识，加强对阅读《参考消息》的思想领导和组织领导。

2、不论集体订阅和个人订阅，都要注意保管，严防遗失。

3、凡单位订阅者，可由公费报销，凡个人订阅者应自费。

和平区革命委员会政工组
一九七〇年十二月十九日

天津市和平区革命委員会

政 工 組 文 件

津和革政（71）003号

☆

最 高 指 示

为人民利益而死，就比泰山还重；……。

和平区革命委員会政工組

关于在全区开展"向張勇同志学习"的活动的通知

正当我区广大革命群众活学活用毛泽东思想，开展反骄破满自我教育运动的时候，《天津日报》于2月25日发表了在黑龙江省呼伦貝尔盟新巴尔虎右旗额尔敦乌拉公社白音宝力格生产队插队的天津下乡知識青年張勇同志为抢救集体财产英勇牺牲的英雄事迹，2月27日市革委会召开了学习張勇同志英雄事迹大会。大会发出了学习号召提出了学习要求。为了認真贯彻大会精神，要立即在全区各条战线开展一个轰轰烈烈又扎扎实实地"向張勇同志学习"的活动，把活学活用毛主席哲学著作进一步推向深入。

張勇同志的一生，是用毛泽东思想化灵魂的一生，是自觉革命的一生，是战斗的一生。她是在毛泽东思想哺育下成长起来的一代共产主义新人，她在坚决走与工农相結合的道路上，刻苦活学活用毛泽东思想，主动、自觉地改造世界观。为了人民的利益，实践了"生命宝貴属人民，誓将青春献人民"的鋼鉄誓言。她不愧为毛主席的好紅卫兵，党的好女儿，工人阶級的好后代，为我们树立了一心为革命，一心为人民，"一不怕苦，二不怕死"的光輝榜样。全区共产党員、共青团员、红卫兵、革命干部、革命知识分子以及广大上山下乡知识青年都要向张勇同志学习。

1、学习她对伟大领袖毛主席、对毛泽东思想无限热爱，无限忠诚。要向她那样怀着深厚的无产阶级感情，在三大革命实践中深苦地学习毛泽东思想，学习毛主席的哲学著作，做到"学习！学习！再学习！让毛泽东思想统帅自己的每一根神经。

2、学习她自我革命精神和高尚的共产主义品德。要象她那样在改造世界观上狠下功夫，努力实现思想革命化。以思想革命化"要迎着困难化，顶着风浪化，主动化，进攻化"的革命精神，"改造！改造！再改造！让无产阶级的思想支配自己的每一个行动！"。

3、学习她坚定地执行毛主席无产阶级革命路线的自觉性。要象她那样认真学习、热情宣传、坚决执行、勇敢捍卫毛主席的无产阶级革命路线和政策，在两个阶级、两条道路、两条路线尖锐复杂的阶级斗争中，立场坚定，爱憎分明，做到"件件事，适合于党和人民的需要；步步路，走在毛主席的革命路线上"。

4、学习她"谦虚、谨慎、不骄、不躁"甘当群众小学生，"完全"、"彻底"为人民服务的精神。要象她那样"做人民忠实的老黄牛""主动、自觉、虚心"地接受贫下中农（牧）的再教育，在革命的征途上"一步一个脚印地阔步前进"。

5、学习她"誓为全球一片红，洒尽鲜血献人类"的彻底革命精神。象她那样胸怀全球，立足本职，抓革命，促生产，促工作，促战备。为实现壮丽的共产主义事业奋斗终生！

开展"向张勇同志学习"的活动可采取组织读报、收听录音、学习张勇同志日记摘抄、进行专题讨论、小组讲用会及黑板报等各种形式。在学习中要认真联系思想实际，做到学英雄，照自己，找差距，见行动。并且同反骄破满学习和"一打三反"运动结合起来，同批判叛徒、内奸、工贼刘少奇的"活命哲学""公私融化"等反革命修正主义谬论结合起来。通过这次活动进一步掀起活学活用毛泽东思想群众运动的新高潮，不断提高阶级斗争、路线斗争和继续革命的觉悟，"认真搞好斗、批、改"，把"一打三反"运动进行到底，为完成党的"九大"和九届二中全会提出的各项战斗任务而奋斗！

各级党组织和革委会要加强对这次活动的领导，充分发挥革职会团支部和红卫兵团等组织的作用，把这次活动作为创四好的重要内容来抓，作为现实的活的思想教育来抓。并责成专人掌握学习活动的情况，及时反映。区三代会和文化馆等部门要积极配合这一学习开展宣传活动。

天津市和平区革命委员会

政 工 組 文 件

津 和 革 政（71）00号

紀念在延安文艺座談会上的講
話发表二十九周年文艺創作汇演
通　　知

伟大領袖毛主席教导："我們的文学艺术都是为人民大众的，首先是为工农兵的，为工农兵而創作，为工农兵所利用的。"为进一步貫彻执行毛主席的革命文艺路綫，为落实我区第二次文化工作会議精神，紧密結合当前革命和生产的大好形势狠抓創作，團繞庆祝我党建設五十周年，迎接四届"人大"的召开，广泛开展群众文化活动，推动我区革命文艺活动的深入发展，拟定于在紀念毛主席《在延安文艺座談会上的講話》发表二十九周年之际搞全区文艺創作会演。

一、内容：

歌頌伟大領袖毛主席的英明領导。

歌頌伟大的中国共产党光輝的五十年战斗历程。

歌頌战无不胜的毛泽东思想和毛主席革命路綫的伟大胜利。

歌颂各条战线涌现出的活学活用毛泽东思想和毛主席哲学著作的先进典型。

歌颂伟大的中国人民解放军。

歌颂无产阶级文化大革命的伟大胜利，社会主义建設的跃进形势和各条战线的新面貌、新成績、新胜利。

二、形式：

音乐、舞蹈、話剧、歌舞剧、故事、詩歌等，要自編或改編的。

三、时間和要求：

1.各局、公司政工組要加强領导。专人負責，把好节目的政治质量关。

2.各局、公司在五月二十日前将局、公司汇演中审查选出优秀创作或改編的节目报到区文化館文艺組。

3.区在五月二十二日搞全区汇演。

注：普及革命样板戏汇演另行通知。

附：节目报表。

和平区革委会政工組　71年5月8日

单位：_____　負責人：_____　电話：_____

节 目 名 称	形 式	时 間	人数	备　　　　　考

天津市和平区革命委员会
政　工　组
战备办公室　文件

津和革政(71) 5号
津和革战(71) 1号

————————☆————————

最　高　指　示

备战、备荒、为人民。

掌握思想教育，是团结全党进行伟大政治斗争的中心
环节。

关于当前战备教育的几点具体意见

为了进一步贯彻落实毛主席"提高警惕，保卫祖国"、"要准
备打仗"的伟大战略方针。根据区革命委员会《关于进一步加强战
备工作的几点意见》(71)００７号文件）的精神，对于当前战备教
育工作提出如下具体意见。

一、上好战备教育课。从三月份开始，每一个月由各基层党支部、
革委会负责向全体职工讲一次战备教育课。形成一个制度，作为战
备教育经常化的重要措施。讲课时以市革委会政治部宣传组印发的
《战备教育讲话》为基本教材，紧密结合每个时期的国际国内形势
和职工的活思想进行讲解，既是战备教育，又是形势教育。把战备
教育课讲得生动活泼，有针对性。防止照本宣读，图形式、走过场。

講課后要訊眞組織討論，在提高思想訊识的基础上，遵照林副"用打仗的观点观察一，檢查一切，落实一切。"的指示，檢备工作和其他各項工作落实情况，推动各項任务的完成。

二在野营拉練和組織职工参加国防施工的过程中加强战备拉練和参加国防施工本身就是一次生动的战备教育过程，要注意活动过程中发现战备工作的薄弱环节，有針对性地进行战备教育同时通过参观革命遗迹，請"三老"講課和訪贫問苦等活动，当領会夺取政权和保卫无产阶级专政都离不开枪杆子的眞理。

三开展讀报活动。訊眞开展羣众性的讀报活动，是推动战备育經常化的一种重要形式，因此，各基层单位要建立健全小组意制度，特别是在广大居民羣众中，要把讀报活动开展起來，做到属有活动。当前要注意选讀东南亚各国人民抗美救国斗争等方面內容，并在广大羣众中，提倡收听国际时事广播等活动。

四根据市革命委員会规定的范围，訊眞組織观看和批判日本部反动影片。充分运用反面教員的作用，通过批判訊清美帝复活本軍国主义的危险性和日本佐藤政府的反动性及其侵略本質，从加深理解毛主席"提高警惕，保卫祖国""要准备打仗"的偉大导的深远意义和现实意义，加强战备观念。

五在开展"向張勇同志学习"的活动中，着重宣傳張勇同志活用毛澤东思想，发揚"一不怕苦，二不怕死"为共产主义事业勇于献身的彻底革命精神。号召大家学习，成为战胜美帝、苏修系各国反动派的精神原子彈。

各级領导干部，各局、公司、街革委会政工部門、武装部門，要高举毛澤东思想的大红旗，加强对战备教育的組織领导。使战备教育工作經常化、制度化。各级战备部門在落实各項战备工作中，要加强战备教育，以精神准备統帅和带动物質准备。在战备教育中

天津市和平区革命委員会

办 事 組 文 件

津 和 革 办 （71） 003号

通　　知

各组、办，各局、公司、街、各基层革命委员会：

现将市革委会人民保卫部"关于非法使用印章、信件的通报"转发给你们，请将"通报"的精神向全体人员传达，并向全体人员和管理印章人员进行一次阶级斗争和做好保密工作的教育。各单位要对本单位印章、证明信件的保管和使用的情况做认真的检查。今后对于印章、证明信件的保管和使用必须建立健全必要的管理制度。

天津市和平区革命委员会办事组

一九七一年三月二十二日

天津市革命委员会

人民保卫部文件

津革保(71)9号

☆

毛主席语录

我们的責任，是向人民負責。

关于非法使用印章、信件的通报

近来发现有的单位对印章、证明信，管理使用控制不夠严格，以致被个别人騙取了证明信件，非法套购国家物資。

今年一月十七日晚，大清查中，在河东区永向阳旅店查出河北省宁晋县白侯公社小南里大队会計王秋义，他从去年十二月以来，通过我市人民礼堂陈士杰、公安机关五大队政工组翟博先，某部队管理科張双宏，某部队干部处周继友，及原市清理指挥部叶青等私人关系，共索取证明信十封。其中有某部队后勤部证明信，换取北京軍区物資供应站证明信两封；某部队干部处和家屬生产队的证明信各一封，空白信两张；公安机关軍管会五大队政工组证明信一封；市清理指挥部证明信一封，空白信一张。（以上信件均盖有公章）王利用这些证明信，先后从我市套购国家計划物資电綫400米，托运自行車五辆。

上述问题，实屬严重，說明我们某些同志缺乏阶级斗爭观念，丧失革命警惕，以致被个别不法分子钻了空子。望各单位要吸取教训，引以为戒。教育全体人员，提高革命警惕；严格注意印章、证明信件的保管和使用，建立和健全必要的管理制度；加强保密工作，要选调政治上可靠，坚持原則的同志管理印章，在使用印章时必须经单位领导批准。

一九七一年三月十日

天津市和平区革命委員会

办 事 組 文 件

津 和 革 办（ 7 1 009 号

★

毛 主 席 语 录

世界上怕就怕"认真"二字，共产党就最讲"认真"。

通 知

各基层单位革委会：

　　现将天津市公安机关军管会"关于办理机动车辆赴京通行证的通知"转发给你们，望认真贯彻执行。并提出以下要求：

　　（1）各单位机动车辆赴京时要严格贯彻市军管会"通知"中的各项规定。各单位革委会要指定有关部门或专人进行审核。

　　（2）各单位到区革委会领取"机动车辆赴京通行证"时，要由单位革委会开介绍信，写明：司机姓名、行车号牌、前往地点、办何事项、乘车人数、有效日期。由单位革委会主任审批签章，然后再经局、公司革委会和革委会主任审批签章。

　　（原通知附后）

和平区革命委员会办事組

一九七一年六月亭明

91

中国人民解放军

天津市公安机关军事管制委员会文件

津公军字(71)46号

☆

关于办理"机动車辆赴京通行证"的通知

为維护首都交通安全，更好地完成"五保卫"任务，经市革命委员会批准，自即日起对我市赴京的所有机动车辆，一律实行签发"机动车辆赴京通行证"的办法。兹将有关规定通知如下：

一、凡赴京的机动車辆，必须符合国家检验标准。在出車前要严格检查，确保机件安全有效。

二、赴京机动车辆的驾驶人员，必须是政治可靠，历史清楚，作风正派，驾驶技术熟练，有一定安全行车经验的正式司机。在出車前，各单位要对驾驶人员认真做好遵守交通规则和为革命开安全車的政治思想工作，保证行車安全。

三、为严格控制赴京机动車辆和便于"抓革命、促生产"，"机动车辆赴京通行证"由各区、局革命委员会掌管签发，并根据实际需要规定有效期限和注明乘車随行人数；公安机关在通往北京要道永定新河桥头等处设立检查站，见证放行。

四、途经北京去往他地的机动車辆，亦按此办法执行，非赴京而需要通过检查卡口的机动車辆，可凭本单位革委会证明放行，但途中不得转道赴京。

一九七一年五月十三日

天津市和平区革命委員会

办 事 組 文 件

津和革办（71）014号

★

会 議 通 知

十月二十二、二十三和二十四日上午，共两天半，召开基建和财务工作会議，传达中央和市基建财务和設計革命会議精神，部署我区加强基建和财务管理的意見。

参加范围：

1.各公司、局革委会負責财务工作的领导干部和管基建和财务工作的干部共三人。

2.各街道委会分管财务工作的领导干部，和财务干部各一人。

3.各基层革委会負責财务工作的领导干部和财务工作人員共二人。

4."五·七"干校，战各办公室领导干部和财务工作人員各一人。

1971年10月21日

天 津 市 革 命 委 員 会
財 貿 組 文 件
津革財（71）11号

~~~~~~~~~ 毛 主 席 語 录 ~~~~~~~~~

我国六亿人口都要实行增产节約，反对铺

張浪費。

~~~~~~~~~~~~~~~~~~~~~~~~~~~~~~~~~~~

批轉市財政局革委会关于职工
借用公款情况和处理意見的报告

各区、局革命委員会：

市革委会財貿組同意市財政局革委会关于职工借用公款情况
和处理意見，現轉发給你們，并轉發所屬单位，望結合本单位实
際情况，参照执行。部分单位职工霸占公款的严重情况，必須引
起注意，这不仅占用了国家資金，影响社会主义建設，而且还会
腐蝕干部、职工，必須把它提到兩条路綫斗爭的高度，認真加以
解决。

天津市革命委員会財貿組
一九七一年三月卅一日

最 高 指 示

政治工作是一切經济工作的生命綫。

財政的支出，应根据节省的方針。应該使一切政府工作人員明白，貪污和浪費是极大的犯罪。

✕ ✕ ✕　　　✕ ✕ ✕　　　✕ ✕ ✕

关于职工借用公款情况和处理意見的报告

（71）財草財字第16号

市革命委員会財貿組：

最近，河北区財政局、市財稅管理处，分別对河北区区屬单位，市基建公司所屬煤球一厂等单位的职工借用公款情况进行了調查，发現这些单位中职工借用公款較多，情况比較严重。据河北区对三百五十五个企业、事业、行政单位的統計，截至一九七〇年底，借用公款的有七千七百人，占职工总数的百分之十七，借款总数达六十一万多元，平均每人八十元。煤球一厂共有职工八百五十多人，借款的就有五百多人，平均每人借九十五元，其中有的借几百元，以至千元以上。这些单位普遍存在的問題：一是借款人越来越多，数字越来越大。如河北区某运輸社一九六三年前基本没有职工借款，一九六三年借出一万多元，以后逐年升高，到去年末竟达十四万元，借款人数占职工总数的百分之五十七。煤球一厂一九六六年以前每年借款約六千元左右，到一九六七年至一九六九年期間，达到八万多元，比文化大革命前增加四倍，有近百分之六十的人借了公款。二是借出的多，收回的少。有些单位，不根据职工的償还能力及时回收借款，而是一律按每月三元或五元扣收，这样使有的借款几十年也扣不清。有的人借款后，长期不还，也无人催收。三是旧欠没还清，新借又增加。河北区某单位有一同志欠款一千六百多元，調

95

动工作后，不仅旧欠没还，又在新单位借了一百四十多元。四是手续不健全，清理不及时，有的单位帐上几百元的欠款找不到是誰借的。

造成这些問題的原因，主要是有些单位突出政治不够，放松思想教育，某些領导不坚持原則，审批不严，对經济主义风抵制不力。有的职工不能正确处理个人和国家的关系，单純依賴組織照顾。有的生活不艰苦，安排的不好，造成人为的困难。少数人有占便宜"不借白不借"的錯誤思想，借了公款不想还，甚至任意揮霍浪費。

据了解，上述問題在我市其他有些单位中都有不同程度的存在。这是两种思想，两条道路，两条路綫斗争在革命队伍內部的反映。是大叛徒刘少奇"公私溶化論"的余毒没有肃清的表現，是反革命經济主义造成的恶果。我們建議各級党委和革命委員会，对此要提起高度重視，并認真加以解决。为此，提出以下意見：

1.各級党委应把这項工作列入政治思想工作的議事日程，加强对职工艰苦奋斗，勤俭节約，大公无私，"完全"、"彻底"为人民服务的教育。要抓緊对本单位职工借款情况进行一次認真检查。通过典型事例在职工中开展路綫分析。用毛主席"自力更生"、"艰苦奋斗"的伟大教导宣传群众，教育群众。狠批刘少奇的"公私溶化論"。在此基础上发动群众对职工借款作一次彻底清理，采取有效措施，分別不同情况积极組織催收。

2.各級領导要帮助职工按排好生活，提倡勤俭节約，艰苦朴素。建立群众性的互助儲金組織，以解决职工的暂时困难，尽量不向公家借款必須借給的，也要严格掌握，并及时催收不得拖欠。要严格遵守財政纪律，职工借款要从企业的福利基金或单位的福利补助款中墊付，不得占用生产資金或行政經費。

3.各单位財会部門和經济监督組織要积极宣传党的方針政策，协助領导做好这項工作。

上述意見如可行，請批轉各單位參照執行。

天津市財政局革命委員會

一九七一年三月二十日

天津市和平区 财政局革命委员会文件

（71）和财革字第 11 号

最高指示

关于到"五·七"干校参加学习的学員

車費补助和收取取暖費的意見

遵照偉大領袖毛主席关于"政治工作是一切經济工作的生命綫"、
"艰苦奋斗"、"勤俭建国"、等一系列的偉大教导，对我区机关和
基层干到"五、七"干校参加学习的学員車費补助和烧火期間收取取
暖費的問題具体意見如下：

一、凡到"五、七"干校参加学习的学員（包括輪訓班、短訓班
和长訓班）按照干校规定的时間，休假的或因公回市的，往返車費应
本着节約的精神，凭車票回单位买报买銷。在校学习期間自行車〈私
車补助費停发。

二、在烧火期間，凡住宿的学員，并在单位已領取取暖补助的应
收取取暖費（由个人負担）。由干校根据实际情况确定收費标准。

三、从文到之日起执行（过去的不予追补）

此件发至各局属单位革命委員会

和平区财政局革委会

71·11·20

天津市卫生局革命委员会文件

（71）卫革业字第195号

毛 主 席 语 录

备战、备荒、为人民。

预防为主

关于加强疫情报告和傳染病
管 理 工 作 的 意 見

市屬各医院，各区卫生局、防治院、防治所、群防站、工厂保健站、大学医务室、中学卫生室：

　　搞好疫情报告和传染病管理工作，有效地预防和控制传染病发生与流行，是保障全市人民健康的一件大事，是落实伟大領袖毛主席"**备战、备荒、为人民**"和"**抓革命，促生产**"伟大方針的需要，是貫彻执行毛主席无产阶級卫生路线和"**预防为主**"方針的一项重要內容。

　　根据国务院批准的《传染病管理办法》，結合我市的具体情况，特提出"关于加强疫情报告和传染病管理工作的意見"，希望各有关单位和广大医务卫生人員认眞执行。

　　一、要高举毛泽东思想伟大紅旗，突出无产阶级政治，把搞好疫情报告和传染病管理这项工作，提到战备观点、群众观点和生产观点的高度来认識，做为落实毛主席无产阶級卫生路线的一个具体行动来执行。积极预防和控制传染病的发生和流行，发現传染病要及时准确地报告疫情，把这项工作抓緊、抓好、抓出成績来。

　　二、要加强对疫情报告和传染病管理工作的領导。各区卫生局、防治院、防治所、群防站（保健站、医务室），市屬各医院和各有关单位要有一名負責同志分管这方面 的 工作。要組織群众性疫情报告网，健全疫情报告制度，定期分析研究疫情，检查传染病管理工作情况，及早采取措施，预防传染病发生扑灭传染病流行。各区卫生局，市属各医院、各区防治院要指定专人做疫情报告和疫情统计分析工作，各防治所、群防站，要有人兼做这项工作。遇有工作调动要安排合适人员接替，不要使疫情报告工作中断，要建立門診传染病患者登記制度和疫情交接班制度，严防疫情迟报、漏报

三、广大医务卫生人员和"赤脚医生"要以"对工作的极端的負責任，对同志对人民的极端的热忱"的精神认真做好疫情报告和传染病管理工作。

应做报告的法定传染病有二类二十六种。甲类：鼠疫、霍乱（付霍乱）、天花；乙类：流行性乙型脑炎、白喉、斑疹伤寒、回归热、伤寒及付伤寒、脊髓前角灰白質炎、炭疽病、狂犬病、森林脑炎、波状热、流行性脑脊髓膜炎、猩红热、麻疹、百日咳、痢疾、瘧疾、黑热病、血吸虫病、恙虫病、钩虫病、絲虫病、出血热、传染性肝炎。此外对食物中毒、流行性感冒和其他临时指定的疾病，以及未列入上述范圍的传染病发生流行时，也須报告。

遇有甲类传染病和乙类传染病的乙脑、流脑、炭疽发生，以及流感、食物中毒在集体单位暴发流行时；防治所和群防站一面要组織力量、发动群众进行疫区处理（包括开展卫生宣传、治疗隔离病人、预防接触者感染发病、改善環境卫生、消灭媒介虫害、进行环境消毒等项措施），一面要立即用电话逐级上报疫情直至区卫生局、市防疫站。区防治院根据具体情況在人力、物力和技术上給以必需的支援，控制蔓延。遇有其余应行报告的传染病，防治所和群防站，在做好疫情处理后，及时（不超过两天）填写疫情报告卡片进行报告。

工厂、企业、学校等单位发现传染病，除向所在地区防治所报告外，发现重要疫情要同时向本单位上級机关报告。

旬报和月报：各区卫生局将每旬的疫情于下一旬的头 1～2 天内报告市防疫站，每月的疫情于下一个月的15～18日报告市防疫站。市防疫站汇总全市疫情上报中央卫生部、市革委会文教组、市卫生局及其他有关单位。

四、要抓好典型，对疫情报告和传染病管理执行得好的单位和个人，要及时总结和推广他們的經验，予以表揚。对执行得不好的单位和个人要帮助改进。对因不报疫情拖延传染病管理，致使传染病扩大蔓延造成損失的，要做为事故检查处理。

天津市卫生局革命委員会

一九七一年十一月一日

抄报：市革委会文教组

天津市和平区革命委員会文件

津和革(69)081号

最 高 指 示

政策和策略是党的生命，各級领导同志务必充分注意，万万不可粗心大意。

提高警惕，保卫祖国。要准备打仗。

关于在落实对民族資产阶級
政策工作中几个具体問題的规定

各单位要以战备为綱，以北京北郊木村厂落实党对民族資产阶級和小資产阶級各項政策的經驗为样板，参照我市和我区的試点經驗，进一步抓好落实党对民族資产阶級政策的工作。現将工作中有关的几个問題规定如下：

一、关于进一步落实党对民族資产阶級和小資产阶級的各項政策問題。

本着对資产阶級在思想上要批深批透，在政策上要区別对待的原則，把那些确不屬于資产阶級分子的人，从資产阶級队伍中划出来。

（一）原按資本家对待，根据政策应划为小业主、独立劳动者或职工的，由单位革命委員会决定，报系統革命委員会或主管組备案。

（二）原按資本家对待，經調查落实，仍应划为資本家的，报区革命委員会审批。

（三）新定資本家，如"漏划資本家"或"历史資本家"，报区革命委員审批。

（四）应定为反动資本家的，报区革命委員会人保組审批。

二、关于查抄物資的处理問題。

处理查抄物資是一項政策性强，情况复杂的工作。因此，各单位必须突出无产阶級政治，深入調查研究，要过細地做工作，認真地把这項工作做好。

（一）凡屬定性为敌我矛盾对象的被抄财物，按照政策規定，向区查抄办公室办理沒收上交手續。

（二）雁屬革命羣众和劳动人民被錯抄的财物，从資产阶級队伍中划出来的小业主、独立劳动者和职工的被抄财物，按政策規定，向区查抄办公室办理发还手續。

（三）一九六七年六月以后，少数单位查抄的财物暂不处理。但必须妥善保管，防止丢失和損坏。

各单位在工作中临时迁到的一些問題，請和各系統革委会或区革命委員会办事組联系。

1969年12月16日

天津市革命委员会文件

津革〔69〕110号

★

☆☆☆☆☆☆☆☆☆ **最 高 指 示** ☆☆☆☆☆☆☆☆
无产阶级文化大革命的斗、批、改阶段，
要认真注意政策。
☆☆☆☆☆☆☆☆☆☆☆☆☆☆☆☆☆☆☆☆☆☆☆☆☆☆

关于改进我市与外地工商业务
联系工作的通知

各区、局革委会，各工厂企业、商店革委会：

为了适应革命、生产新高潮的需要，必须认真改进我市与外地工商业务联系工作。现通知如下：

（一）外地来津办理业务工作

一、必须以革命统帅业务，根据政策原则和共产主义协作精神，做好外地在津采购、加工、订货的服务工作；外地区也应按照地区间的正常渠道，充分利用函（电）办理业务，尽量减少来津人员。

二、外地来津人员由下列部门负责接待：

1、凡外地来津办理工业生产资料的零星采购（物资口范围内）、加工协作、催调国家订货合同等业务，由"天津市生产资料服务公司革委会"（以下简称"生资公司"，地址：和平区营口道21号）统一接待、转介办理。

2、凡外地来津采购或推销商品、承揽加工等业务，由"天津市贸易服务公司革委会"（以下简称"贸易公司"，地址：和平区和平路71号）负责接待转介办理。至于商业系统内合同催调、签约、办理运输等事宜，均可直接同有关单位联系。

3、凡外地来津参观学习生产方面的事宜，由"天津市科学技术局"（以下简称"科技局"，地址：和平区长沙路88号）统一接待、转介。

三、外地来津办理业务人员，须持省、市、自治区革命委员会的介绍信（三类物资可持县一级革命委员会介绍信），按业务性质到上述三个单位接洽。

四、凡外地汇津采购、加工等资金，均须存入我市指定银行（天津分行东马路办事处）；支付款项须由"生资公司"或"贸易

〝公司〞证明。外地部队支付款项，按部队有关规定办理。

（二）我市外出办理业务工作

一、坚决执行毛主席关于 **"要节约闹革命"** 的伟大教导，发扬自力更生和共产主义协作精神，充分挖掘物资潜力，加强计划性，和本市各系统间的协作，主动联系，就地就近解决问题。凡本市能解决的，坚决不外出；要按原有正常业务渠道，充分利用函（电）委托对外联系业务，尽量缩减外出人员。

二、外出办理业务人员由下列单位负责转介：

1、凡必须外出办理工业生产资料的零星采购、加工协作、催调合同等业务，由"生资公司"办理转介手续。

2、凡外出参观学习工业生产方面的业务事项，应事先用函（电）与对方联系妥善后，方能外出，并由"科技局"办理转介手续。

三、各工业企业、单位外出人员应持主管局介绍信，按业务性质去上述两单位办理外出手续。

此通知自七月一日起执行。

天津市革命委员会

一九六九年六月二十三日

抄报：中央各有关部

抄送：各省、市、自治区，河北省各地区革命委员会。

（共印 18000 份）

天津市革命委员会办事组印发　　一九六九年六月二十四日

天津市革命委员会文件

津革〔69〕112号

+++++++++ **最 高 指 示** +++++++++

国家机关的改革，最根本的一条，就是联系群众。

必须坚持干部参加集体生产劳动的制度。

天津市革命委员会关于转发
市农代会《关于认真落实毛主席干部参加
集体生产劳动指示的决議》的通知

各区、局革命委员会，各基层单位革命委员会，各级群众组织：

市农代会《关于认真落实毛主席干部参加集体生产劳动指示的决议》很好，现予转发。

不能从这个极端跳到另一个极端。一定要真正做到又不脱离劳动，又不放松工作。要扎根在本地，面向全局，做到胸中有全局，手中有典型。毛主席的每一指示，党的各项政策，首先保证在本单位落实，做出成绩，总结出经验，向面上推广。

二、有领导地、合理地解决兼职过多的问题。层层兼职、处处挂衔，是影响干部参加劳动的原因之一。有些同志四级兼职、身挂八衔，这种情况必须改变。今后，农代会各级领导成员，一般的只任上下两头职务，采取留两头、卡中间的办法，即：下头以本单位做为联系群众、参加劳动的永久基地；上头保留最上一层的现任职务。以翟殿柱、王凤春同志为例，下头，两人各任大队一职；上头，保持市革委会常委、市农代会组长（副组长）职务，中间的职务一律砍掉。

具体调整办法，应根据工作需要、骨干力量配备等情况，分别由有关单位向群众讲清道理，有领导地、合理地逐步调整。

三、公社以上农代会机构值班问题。市农代会从六月份起，取消常委轮流值班办法，根据集体领导的原则，通过定期举行的常委会、全委会推动工作。一般情况下，每月召开一次常委碰头会；特殊情况，由常委组长随时召集。

常委碰头会，总结、检查前段工作；研究、部署下步任务；讨论、决定重要事项，然后，委托办事组执行。

区、社级农代会，也应分别试行。

这一决定，经市革委会批准后，发到基层，由广大贫下中农监督执行。区、社农代会也要根据本单位的情况做好安排。

一九六九年五月二十三日

（共印18000份）

天津市革命委员会办事组印发　　一九六九年七月一日

天津市革命委员会文件

津革〔69〕 113号

最 高 指 示

我国有七亿人口，工人阶级是领导阶级。要充分发挥工人阶级在文化大革命中和一切工作中的领导作用。工人阶级也应当在斗争中不断提高自己的政治觉悟。

关于切实加强工人和贫下中农
宣传队当前工作的几点意见

各部、组，各区、局革委会，各基层单位革委会，各工宣传队、军宣队：

遵照伟大领袖毛主席"工人阶级必须领导一切"的教导，自去年八月工人和贫下中农宣传队进驻上层建筑各个领域和没有搞好斗、批、改的"老大难"单位以来，尤其在党的"九大"精神鼓舞下，广大宣传队员高举毛泽东思想伟大红旗，紧跟毛主席的伟大战略部署，坚决执行毛主席的革命路线，认真落实毛主席的无产阶级政策，狠抓自身革命化建设，在领导上层建筑斗、批、改伟大斗争中，做了很好的、大量的工作，取得了很大成绩。无论是上层建筑，还是"老大难"单位，在宣传队进驻后都发生了深刻的、革命的变化，各方面积极因素正在调动起来，阶级斗争盖子已经揭开，无产阶级专政、革命大联合和革命三结合得到进一步加强、巩固和发展，斗、批、改运动更加深入，一些单位摘掉"老大难"帽子，有些并跨进先进行列。实践证明：工人和贫下中农宣传队有无比强大的生命力，是工人阶级领导上层建筑的最好途径，同时也是锻炼工人阶级、贫下中农自己的广阔战场。

但是还必须看到，当前斗、批、改运动正在深入发展，"九大"提出的各项战斗任务和各项政策需要进一步落实，各项工作要求越来越高，政策性也越来越强。在这种新的形势下，宣传队必须遵照毛主席无产阶级专政下继续革命的伟大理论，从政治上、思想上、组织上，领导上进一步加强，才能更好地承担日益繁重的斗、批、改的伟大斗争任务，推动上层建筑的斗、批、改，尽快地改变"老大难"单位的面貌。为了切实加强宣传队的领导，改进宣传队的工作，保证对上层建筑的长期领导，提出如下意见：

一、宣传队要切实加强对上层建筑各个领域和"老大难"单位的无产阶级政治领导。其根本的任务是：高举毛泽东思想伟大红旗，突出无产阶级政治，向进驻单位的广大群众宣传毛泽东思想，切实落实毛主席的一系列最新指示和无产阶级政策，用毛泽东思想改造上层建筑，改变"老大难"单位的面貌，推动斗、批、改运动的深入发展。

对于进驻单位的革命委员会，必须认真贯彻"信任，尊重，支持，帮助，保卫"的十字方针，尊重革命委员会中的成员，帮助革命委员会用毛泽东思想掌好权，用好权，树立革命的权威。遇事要同群众商量，做群众的小学生。宣传队要抓纲定向，解决进驻单位的方向性、根本性问题，不要被烦琐事务缠住。对于证据确凿混入革委会和革命群众组织的坏人要发动群众揪出来，对革命委员会成员的处理一定要持慎重态度。对待原两派广大革命群众，必须高举"九大"的团结旗帜，认真落实毛主席的对待群众组织的政策，坚持"三条原则""九个一样"，做到"一碗水端平"，反复地做深入、细致、艰苦的思想政治工作，把小资产阶级思想引导到无产阶级革命的轨道，增强团结，共同对敌。

二、加强领导，搞好宣传队的自身革命化建设。

各级革命委员会，必须切实加强对宣传队的领导，各口，各区、局都应有主要领导成员分管宣传队的工作，并列入革命委员会议事日程。指挥机构要精悍，并建立和健全集体领导制度。不要轻易变动宣传队的办事机构人员。

要遵照毛主席"工人阶级也应当在斗争中不断提高自己的政治觉悟"的伟大教导，认真搞好宣传队的思想建设。组织广大队员认真地、反复地学习毛主席在"九大"期间所做的多次极其重要讲话，认真学习"九大"文献，进一步用毛主席关于无产阶级专政下继续革命的伟大学说武装头脑，牢固地树立继续革命的思想，克服某些同志轻视思想文教战线的错误思想。克服松懈厌战情绪，坚定把无产阶级文化大革命进行到底的决心。要狠抓提高队员的毛泽东思想的觉悟，两条路线斗争和阶级斗争的觉悟。狠抓政策教育和纪律教育，提高政策观念，严格组织纪律，搞好革命团结。

三、派出单位必须积极支持宣传队的工作。

无产阶级能不能把文化教育阵地牢固地占领下来，用毛泽东思想把它们改造过来是能不能把无产阶级文化大革命进行到底的关键问题。宣传队到大、中、小学去，到上层建筑各个领域中去，到一切还没有搞好斗、批、改的单位，用无产阶级彻底革命精神，促进那里的斗、批、改，是我们工人阶级的一项伟大历史使命，各派出宣传队的单位要从全局出发，从长远出发，大力支持宣传队的工作。选派宣传队员必须从严掌握，按照中央批准的"北京市革命委员会关于选调和派遣工人毛泽东思想宣传队的条件规定"认真办理。

选沪从员，必须是优秀的产业工人或贫下中农，配备相当数量的党员，并由革委会的领导成员带领。工宣队应以一定工龄的较老工人为主。调整轮换队员必须按照市革命委员会"关于工人毛泽东思想宣传队调整轮换问题的几项规定"办理，必须保质保量。派出单位要高度重视这一工作，克服本位主义思想，不要卸包袱，不要以弱抵强，不要派人直接"动员"队员回厂。派出单位要切实关心队员的政治思想，妥善地、认真地解决队员的实际生活问题。进入整党阶段的派出单位，要认真研究队员的"纳新"问题，宣传队也应主动向派出单位介绍队员情况。

四、对宣传队实行必要的精简。

长期进驻上层建筑领域的宣传队在继续加强领导的前提下，要做到少而精。在那些革命大联合、革命三结合基本巩固，清理阶级队伍取得显著成绩，斗、批、改深入开展的大专院校、文化、艺术、卫生等部门，宣传队应逐步做到由少数结合到各级革命委员会及其办事机构的骨干和少量队员组成，根据经验一般地应占进驻单位人员的百分之十左右，保证切实实行对上层建筑的政治领导。大专院校的工宣队可实行厂系对口的方法。以便于加强宣传队的组织建设和思想建设，搞好教育革命，密切工宣队与派出单位的联系。进驻工厂、企业、农村、街道等"老大难"单位的宣传队，在"老大难"问题解决后，根据实际需要，除留少量队员进行一个时期的巩固工作外，应该逐步撤出。今后不要轻易宣布某些单位为"老大难"<del>而</del>派进宣传队，更不要在一个工厂内部向车间派遣宣传队，也不要把派出宣传队做为促进某些后进单位工作的方法。今后解决工厂、企业、农村社队的问题，主要采取领导蹲点的方法，发动本单位群众来解决。确实需要派进宣传队的，必须经各口，各区批准。

各口，各区、局革命委员会，当前应组织工人和贫下中农宣传队在学习"九大"文献的基础上，总结领导上层建筑斗、批、改的经验，认真抓好队员活思想，使广大队员高举"九大"团结、胜利的旗帜，不断革命，彻底革命，为夺取斗、批、改的新胜利而努力。

天津市革命委员会

一九六九年六月二十四日

（共印 18000 份）

天津市革命委员会办事组印发　　　　一九六九年六月三十日

天津市革命委员会文件

津革〔69〕117号

关于当前整党建党工作情况和今后意见

——天津市革命委员会第八十次扩大的常委会议纪要

七月二日，天津市革命委员会召开了第八十次扩大的常委会议，吸收各部、组，区、局主要负责同志及各区、局政工组长参加，就全市展开整党建党工作和整党建党工作中的几个问题进行了研究、讨论，现纪要如下：

一、当前整党建党工作的基本形势

经过前一段狠抓学习和落实"九大"文献，"九大"精神正在步深入人心。广大党员和革命群众无产阶级专政下继续革命的觉有了显著提高。多数单位革命大联合和革命三结合比较巩固，清阶级队伍取得了很大成绩，落实政策有了很大进展，阶级阵线基本清楚。多数区、局积极进行了整党建党的准备工作：一般都作了安排、部署；有的调整和加强整党建党领导班子，开办骨干训练班，深入基层搞试点、抓典型；有的已经或准备召开整党建党工作经验交流会。各单位普遍认真学习和推广了北京六厂二校的先进经验。全市去年十月以来，陆续展开整党建党的单位，大部分搞得较好，有的已经搞完，也摸索到一些经验。从全市范围来讲，大多数单位展开整党建党工作的条件基本成熟。伟大领袖毛主席的最新指示和两报一刊"七·一"社论的发表，更是我们开展整党建党的强大动力。据不完全统计，全市五千多个基层单位中，已经开展整党建党的占百分之四十四，即将开展整党建党的约占百分之二十左右，七月份展开面将达百分之六十以上。总之，形势是好的。但是，越是在大好形势面前，越要注意看到存在的问题：有些单位对"九大"文献的学习还不够深入，落实不够有力；部分党员和群众对整党建党的目的意义认识不足，有的党员有"挨整"、"还帐"、"过关"的思想，有的党外群众则有怕报复的思想或对整党建党抱有漠不关心的态度，还有的则有"整人"、"把关"思想；在各级领导中，主要精力还没有转到整党建党方面来，个别单位也有条件尚不成熟就匆匆忙忙开展整党建党的现象。

伟大领袖毛主席教导我们："**领导我们事业的核心力量是中国共产党。**"伟大、光荣、正确的中国共产党是工人阶级的先锋队，是工人阶级的最高组织形式。工人阶级的领导，是经过共产党来实现的。搞好整党建党，是更好地继续完成斗、批、改各项任务的需要，是"**团结起来，争取更大的胜利**"的需要，是把无产阶级文化大革命进行到底的需要，也是巩固无产阶级专政，要落实到每个工厂、农村、机关、学校的需要。无产阶级文化大革命，就是一次以革命的方法进行的空前规模的开门整党运动，整党建党又是斗、批、改中极其重要的阶段。按照毛主席的马克思列宁主义建党路线整党建党，就能大大提高广大党员的共产主义觉悟，牢固树立无产阶级专政下继续革命的思想；进一步密切党和广大革命群众的联系；保证各级党组织的领导权真正掌握在忠于毛主席、忠于毛泽东思想、忠于毛主席无产阶级革命路线的共产党员手里；保证党始终沿着毛主席的无产阶级革命路线领导广大群众前进，巩固无产阶级专政，继续革命，直到"**在整个地球上消灭人剥削人的制度，使整个人类都得到解放。**"

当前,各级领导必须认清形势,充分认识整党建党的伟大意义,在那些大体已完成清理阶级队伍的单位,要不失时机地真正把整党建党工作摆到重要位置上来,以整党建党工作为重点,把整党建党工作同清理阶级队伍工作紧密结合起来,同落实政策紧密结合起来,同定案、定性工作紧密结合起来,同解放干部紧密结合起来。在整党建党中,做到清理阶级队伍不停,落实政策不停,定案、定性工作不停,解放干部不停,正确处理整党建党同斗、批、改和其他各项工作的关系。既要突出重点,又要统筹安排,切实加强领导，保证以整党建党为重点的斗、批、改运动顺利发展。

二、指 导 思 想

整党建党必须高举毛泽东思想伟大红旗，坚决贯彻"九大"精神，认真执行毛主席的无产阶级建党路线，认真执行《中国共产党章程》。

伟大领袖毛主席教导我们："党组织应是无产阶级先进分子所组成，应能领导无产阶级和革命群众对于阶级敌人进行战斗的朝气蓬勃的先锋队组织。"毛主席的五十字建党纲领，确定了整党建党的政治方向，明确地给我们指出了建设一个什么样的党、作一个什么样的党员的问题。离开了无产阶级专政，离开了无产阶级专政下继续革命，就不能正确地解决党的建设问题，建设一个什么样的党和怎样建设党的问题。在整党建党中，必须用毛泽东思想，用毛主席在无产阶级专政下继续革命的理论武装广大党员和革命群众的头脑，把党的组织真正建设成为在无产阶级专政下继续革命的无产阶级的先锋队组织，把党员锻炼成为在无产阶级专政下继续革命的先锋战士。

毛主席教导我们："一个人有动脉，静脉，通过心脏进行血液循环，还要通过肺部进行呼吸，呼出二氧化碳，吸进新鲜氧气，这就是吐故纳新。一个无产阶级的党也要吐故纳新，才能朝气蓬勃。不清除废料，不吸收新鲜血液，党就没有朝气。"毛主席这个生动的比喻，讲出了党内矛盾的辩证法，反映了无产阶级政党发展的必然规律，是我们进行整党建党的根本指导思想。吐故纳新，包括思想上的吐故纳新和组织上的吐故纳新，而首先是思想上的整顿和建设。要遵照毛主席关于党内矛盾的理论，积极地开展党内的两条路线斗争，大破叛徒、内奸、工贼刘少奇的反革命修正主义建党路线，大立毛主席的无产阶级建党路线，进一步提高继续革命的觉悟，树立无产阶级专政下继续革命的思想。组织整顿的工作一定要做，也一定要采取谨慎的方法。

伟大领袖毛主席最近教导我们："每一个支部，都是要重新在群众里头进行整顿。**要经过群众，不仅是几个党员，要有党外的群众参加会议，参加评论。**"毛主席这一最新指示，明确向我们指出，必须实行开门整党。是不是实行开门整党，决不是形式问题，方法问题，而是执行什么路线的大问题。开门整党，必须真正从思想上解决相信群众，依靠群众，放手发动群众的问题，真正把毛主席的建党思想直接交给广大党员和革命群众。要让党员自觉地、主动地到群众中去，虚心听取群众意见，接受群众的批评、帮助；要让广大群众参与整党建党的全过程，参加会议，参加评论，热情帮助党员，共同提高。

我们的党员绝大多数是好的和比较好的，是热爱毛主席、忠于毛主席的。有些党员犯有这样那样的错误，是能够改正的，有的已经改正了。坚持错误的只是极少数，混入党内的叛徒、特务、死不改悔的走资派、蜕化变质分子、阶级异己分子只是一小撮。对广大党员必须立足于教育提高，突出"帮"字。使广大党员通过整党，切实受到一次在无产阶级专政下继续革命的再教育，把我们的党建设得更加纯洁、更加坚强、更加团结、更加朝气蓬勃。

三、基 本 路 子

在整党建党中，要认真搞好思想发动、思想整顿和组织整顿工作，但不要截然划分阶段。要把思想发动贯彻始终，思想整顿贯彻始终，大学习、大批判贯彻始终，斗私批修贯彻始终，把思想整顿和组织整顿紧密结合起来。

要认真做好思想发动工作。对广大党员和革命群众，要进行阶级教育，忆苦教育，进行党内两条路线斗争史的教育，进行在无产阶级专政下继续革命的教育，提高阶级斗争和两条路线斗争觉悟。要大力抓好活思想，广泛开展谈心活动，切实端正广大党员和革命群众对待整党建党的态度，扎扎实实地解决部分党员中"挨整"的消极情绪，解决一些群众中不敢大胆提意见和漠不关心的思想。充分认识我们党担负的领导革命群众巩固无产阶级专政，完成斗、批、改，把我国社会主义革命进行到底的伟大历史使命，把整党建党工作同保证我国不变颜色联系起来；充分认识我们党所担负的世界革命的伟大历史使命，把整党建党工作同世界被压迫人民的解放斗争联系起来，增强党员继续革命、斗私批修的自觉性，让广大党员和革命群众，都能以继续革命的战斗姿态投入整党建党运动。

要认真搞好党员的斗私批修。组织广大党员和革命群众认真学习毛主席在无产阶级专政下继续革命的理论，学习《关于纠正党内的错误思想》、《关于正确处理人民内部矛盾的问题》，学习毛主席的无产阶级建党思想，学习林副主席政治报告的有关部分和《中国共产党章程》，学习党内两条路线斗争的历史，彻底批判刘少奇的修正主义建党路线，批判他的黑《修养》、黑"六论"，狠斗自己思想上的"私"字，肃清刘少奇的余毒，树立一不怕苦，二不怕死，誓为共产主义奋斗终身的彻底革命精神。要把革命大批判同斗私紧密结合起来。做到批中有斗，斗中有批。批中有斗，以批为主，狠批刘少奇的修正主义建党路线，斗自己的私字，肃清刘少奇的余毒。斗中有批，以斗为主，把自己要害上的"私"提高到路线斗争的高度来认识。斗私批修不出题目，不安排次序，不指定重点人，不算"老帐"，不搞认罪式的检查，不搞人人过关，刘少奇的黑"六论"，那条对自己影响最大，毒害最深，就批判那个问题，谁冲在前边，谁就先批先斗。在党员斗私批修过程中，组织群众性的评论。做到边批判，边斗私，边评论，边恢复组织生活，成熟一批恢复一批。

要认真做好组织上的吐故纳新和建立党的领导班子的工作。这些工作可以有两种做法：一种是在恢复组织生活后，先建立支部，再吐故纳新；一种是在恢复组织生活后，先吐故纳新，再建立支部。

四、组织整顿中的几个问题

组织整顿的工作政策性很强，必须用党的政策武装党内外广大群众，提高政策思想水平，坚持无产阶级党性，反对资产阶级派性。严格按照《中国共产党章程》办事。

对证据确凿的叛徒、特务、死不改悔的走资派、蜕化变质分子、阶级异己分子要清除出党，并不准重新入党。对资产阶级反动学术权威，党籍问题暂缓处理。

对死气沉沉不起作用的党员，首先是教育帮助，只对那些经过教育仍无转变的，劝其退党。

对犯了错误包括犯了严重错误的党员，必须根据毛主席的一贯教导，采取"**惩前毖后，治病救人**"的方针，多做深入、细致的思想教育工作，"**既要弄清思想，又要团结同志**"。组织处理要采取慎重的态度，只对错误严重，经过教育仍无显著悔改表现的给予纪律处分。

党的各级组织，在执行党的纪律，处分党员和"清除废料"时，要在自己的职权范围内执行。属于区、局管的党员干部，应报区、局审批 属于市管的党员干部，应报市审批；党支部给党员纪律处分，要经上级党委批准。上级党组织发现处理不当的要及时进行纠正。

在纳新工作中，要采取积极的、严肃的态度。要认真地把在革命的大风大浪中经过考验的真正的无产阶级先进分子吸收入党，增加党的新鲜血液。要首先吸收产业工人中的先进分子入党。农村、学校、文艺团体、街道等也要吸收党的新鲜血液。纳新工作既要反对降低党员标准，又要反对关门主义；要看大节、看主流、看一贯的表现，不要抓住一时一事的错误不放。入党都必须由本人申请，整党领导小组或支委会研究，群众反复讨论，党员大会讨论通过，报上一级整党领导小组或党的委员会批准。

对预备党员的处理：够条件的都要恢复他们的组织生活，同时补办转正手续；党龄计算，可根据他们的表现，按期转正或按原延长预备期的时间算起；不够条件的取消预备党员资格。

五、领导班子问题

在整党建党工作中，抓好领导班子的整顿和建设，是极其重要的。这是关系到各级党组织的领导权能不能真正掌握在马克思列宁主义者手里的问题，是关系到能不能巩固无产阶级专政，防止资本主义复辟的问题，也是关系到整党建党成败的问题，必须谨慎从事，不能操之过急。

各区、局和开展整党建党的单位，都要建立整党领导小组。通过整党建党，在各级革命委员会中，都要按照自己的具体条件，逐步形成一个用毛泽东思想武装起来的、一元化的、密切联系群众的坚强的党的领导核心。要组织党员和广大革命群众认真学习毛主席关于无产阶级革命事业接班人的五个条件，明确建立党的领导班子的重大意义。要把那些活学活用毛泽东思想好的、真正搞无产阶级革命的、有革命朝气的优秀共产党员选拔到党的各级组织的领导岗位上来。党的各级领导班子，都要注意吸收新生力量（包括文化大革命中涌现的新党员）。在上层建筑领域、在知识分子成堆的单位，工人毛泽东思想宣传队、解放军三支两军人员中的党员要参加党的各级领导班子。保证党的各级组织的领导权掌握在真正的马克思列宁主义者手里。在其他有驻军的单位，也要有驻军中的党员参加党的领导班子。其人选由工宣队、驻军内部协商提名。党的各级领导班子，必须经过反复民主协商、选举产生，并报上一级整党领导小组或党的委员会批准。上级党组织必须听取群众的正确意见，严肃对待，认真审查。

整党领导小组的成员，要抓好自身的思想整顿，严格要求自己，主动到群众中去，自觉接受群众帮助，站到运动第一线，带头斗私批修，带头改造世界观。这是衡量每个领导成员有没有继续革命觉悟的重要标志，是在斗争中对每个领导成员的锻炼和考验。

各级革命委员会，共产主义青年团、工人、贫下中农、红卫兵及其他革命群众组织，都必须接受党的领导，都要在各级党组织的统一领导下进行工作。

各级党委的日常工作，由革命委员会政工组负责办理，不另设办事机构。

六、整团问题

整团要高举毛泽东思想伟大红旗，以继续革命为纲，以革命事业接班人的五条标准为武器，充分发动广大群众，狠批刘少奇在青年运动中所推行的反革命修正主义路线。通过整团，把团的组织建设成为一个思想革命化、组织革命化的朝气蓬勃的先进青年的革命群众组织。

在方法、步骤上，首先要针对团员和青年的活思想，搞好动员，认清整团的目的意义，端正态度，要组织广大青年认真学习毛主席在"九大"期间所作的多次极其重要的讲话，《青年运动的方向》，接班人的五条标准，林副主席的政治报告，紧密联系实际，开展革命大批判，搞好斗私批修。并搞好恢复组织生活、建立团支部、吸收新团员和其他组织整顿的工作。

整团一般地放在整党后期或党的领导班子建立以后进行。由整党领导小组或党支部负责领导整团，不另建整团机构。

各区、局应着手进行整团试点，总结经验。

七、领导问题

整党建党工作是一项极为严肃的政治任务。各级领导对整党建党工作必须进一步统一思想，提高认识，主要负责同志要亲自分工管，亲临第一线，亲自抓典型，切实把主要精力放到这个重点上来。

要一个支部、一个支部地进行整顿。强调扎扎实实、做过细的工作。绝不能粗枝大叶，草率从事，走过场。凡要开展整党建党的单位，都应经上级整党领导小组的批准。各级领导都要注意调查研究，抓好典型，及时发现和总结整党建党中的新动向、新问题、新特点、新经验，利用典型，指导一般；各单位要根据自己的实际情况和领导力量，分批展开，分类指导，不要铺开后，长期不管，要搞就必须搞好；对展开整党的单位，领导小组要一个支部一个支部地过问、检查、研究、具体指导；对问题较多的单位，要派人帮助，真正解决那里的问题。

郊区农村的整党建党工作，已经展开的单位要继续搞好，没有展开的单位，要根据自己的情况积极安排，适时展开。

整党建党基本结束的单位，要抓紧进行整顿民兵组织的工作。

要充分发挥报纸的作用。《天津日报》要配合刊登批判刘少奇黑"六论"的文章。报道全市整党建党动态，介绍典型经验，有针对性地发表社论，组织工农兵评论等。

一九六九年七月五日

（共印16,000份）

天津市革命委员会办事组印发　　　一九六七年七月十日

天津市革命委员会文件

津革〔69〕126号

天津市革命委员会
关于召开首届活学活用毛泽东思想
积极分子代表大会的决定

一九六九年七月十二日

大海航行靠舵手，干革命靠毛泽东思想。

在我们党第九次全国代表大会精神的鼓舞下，在伟大领袖毛主席**"团结起来，争取更大的胜利"**的伟大号召指引下，天津市广大军民迅速掀起了一个波澜壮阔的以学习、落实"九大"文献为中心内容的活学活用毛泽东思想群众运动的新高潮，大大提高了在无产阶级专政下继续革命的觉悟，增强了全市革命人民的大团结，促进了党的各项无产阶级政策的进一步落实，加快了斗、批、改的步伐，推动了工农业生产的迅猛发展，创造了大量活学活用毛泽东思想的新经验，涌现了大批活学活用毛泽东思想的积极分子和先进集体。

为了坚决响应"九大"提出的进一步掀起活学活用毛泽东思想群众运动新高潮的伟大号召，高举"九大"团结、胜利的旗帜，带领全市四百万军民继续前进，进一步提高广大革命群众在无产阶级专政下继续革命的觉悟，认真学习"九大"文献，落实"九大"精神，更好地完成以整党建党为重点的斗、批、改各项任务，巩固胜利，发展胜利，表彰先进，宣扬先进，天津市革命委员会决定，在今年九月初，在我们伟大的社会主义祖国成立二十周年的前夕，召开天津市首届活学活用毛泽东思想积极分子代表大会。

这次大会的中心任务是：坚决落实毛主席"**团结起来，争取更大的胜利**"的伟大指示，以继续革命为纲，主要是检阅学习和落实"九大"文献以来，进一步活学活用毛泽东思想的伟大成果。总结和交流活学活用毛泽东思想，提高在无产阶级专政下继续革命的觉悟，加强团结，落实政策，搞好战备，加快斗、批、改的步伐，巩固无产阶级专政，搞好思想革命化的先进经验，广泛树立各条战线活学活用毛泽东思想的先进典型。以林副主席为光辉榜样，活学活用毛泽东思想，学出新水平，用出新水平，把全市以学习和落实"九大"精神为中心内容的活学活用毛泽东思想群众运动推向新高潮。

这次大会的召开是更加深入地贯彻"九大"精神的重要措施。要把迎接这次大会的过程变成一个活学活用毛泽东思想的大总结、大交流、大推动的过程，变成"九大"文献的大学习、大宣传、大落实的过程。要反复深入学习毛主席关于在无产阶级专政下继续革命的伟大理论，反复深入学习毛主席在"九大"期间所作的多次极其重要的讲话和林副主席的政治报告，把在无产阶级专政下继续革命的觉悟提得高高的，把**"团结起来，争取更大的胜利"**的劲头鼓得足足的，把革命团结的气氛搞得浓浓的，把巩固无产阶级专政的目标树得牢牢的。在全市范围内，掀起一个朝气蓬勃、斗志昂扬的赛革命、赛进步、赛团结的群众运动。

搞好大会代表的评选工作，必须高举毛泽东思想伟大红旗，突出无产阶级政治，贯彻群众路线。要搞好讲用，人人讲用，层层讲用。同时，要深入批判叛徒、内奸、工贼刘少奇及万张反革命修正主义集团反对活学活用毛泽东思想的滔天罪行。参加大会的单位必须是高举毛泽东思想伟大红旗，用毛泽东思想统帅一切，突出无产阶级政治，狠抓阶级斗争和两条路线斗争，领导班子团结一致，带领广大革命群众紧跟毛主席伟大战略部署，不断革命，继续革命，认真贯彻党的各项无产阶级政策，在完成"九大"提出的各项斗、批、改任务中取得显著成绩的先进集体。参加大会的个人必须是一贯无限忠于毛主席，无限忠于毛泽东思想，无限忠于毛主席无产阶级革命路线，在两个阶级、两条道路、两条路线的斗争中，活学活用毛泽东思想，不断提高在无产阶级专政下继续革命的自觉性，一不怕苦，二不怕死，在三大革命运动中有优良成绩，能密切联系群众，紧跟毛主席的伟大战略部署，为广大革命群众所拥护的，无产阶级文化大革命以来，特别是学习和落实"九大"精神以来的先进分子。参加市活学活用毛泽东思想积极分子代表大会的代表，应由各区、局召开活学活用毛泽东思想积极分子代表大会产生，没有条件召开积极分子代表大会的区、局，也可以由基层单位直接产生。

不论怎样产生，都必须是由下而上地经过广大群众反复协商，民主评选。

出席大会的代表，要突出产业工人，突出工、农、兵，兼顾各行各业。要有红卫兵小将、民兵、革命干部、革命知识分子的代表。要有相应数量的先进集体代表。保证把大会开成一个团结的大会，胜利的大会，进一步掀起活学活用毛泽东思想群众运动新高潮的动员大会，坚决贯彻执行"九大"提出的各项战斗任务的誓师大会。

天津市活学活用毛泽东思想积极分子代表大会的召开，是全市四百万人民政治生活中的一件大喜事。各级革命委员会，三支两军各部队，工人、贫下中农毛泽东思想宣传队，四代会都要充分重视，抓紧抓好。要在全市大张旗鼓地宣传，大讲召开市首届活学活用毛泽东思想积极分子代表大会的重大意义，大讲活学活用毛泽东思想，学习和落实"九大"文献的光辉成果。为了把这次大会开好，决定成立天津市首届活学活用毛泽东思想积极分子代表大会筹备委员会，并设办事机构，负责会前的筹备工作和大会期间的各项工作。

市革委会号召，全市军民要鼓足干劲，力争上游，立即行动起来，掀起一个学习和落实"九大"文献的新高潮，人人讲用，层层讲用，用活学活用毛泽东思想的优异成绩，用抓革命，促生产，促工作，促战备的优异成绩，迎接市首届活学活用毛泽东思想积极分子代表大会的召开！迎接中华人民共和国成立二十周年！

天津市革命委员会文件

津革〔70〕61 号

------------------★------------------

天 津 市 革 命 委 員 会
关于认真学习毛主席哲学著作的决定

（市革命委員会第一〇五次常委会議
一九七〇年十月二日通过）

中国共产党第九届中央委员会第二次全体会议号召："全党要认真学习毛主席的哲学著作，提倡辩证唯物论和历史唯物论，反对唯心论和形而上学。"我们坚决响应，认真执行。

伟大领袖毛主席的光辉哲学思想，是无产阶级的革命的科学的世界观和方法论，是党的路线、方针、政策的理论基础，是改造客观世界和主观世界的锐利武器。学习毛主席的哲学著作，落实毛主席关于**"让哲学从哲学家的课堂上和书本里解放出来，变为群**

众手里的尖锐武器”的伟大教导，对于加强党的思想建设，推动斗、批、改，巩固和加强无产阶级专政，继续完成"九大"提出的各项战斗任务，夺取三大革命的新胜利，具有极其重要的意义。

天津市工农兵学习毛主席哲学著作的群众运动，是在一九五八年兴起的。一开始就遭到了叛徒、内奸、工贼刘少奇及其在哲学界的代理人杨献珍之流的干扰和破坏。天津市学习毛主席哲学著作的群众运动的发展，经历了两个阶级、两条路线的激烈斗争。无产阶级文化大革命为工农兵学哲学开辟了广阔的道路。在毛主席为首、林副主席为副的党中央的直接关怀下，工农兵活学活用毛主席哲学思想的群众运动发展很快。"九大"以来，许多厂矿、公社、机关、学校和企业事业单位，都建立了学哲学小组。在党的九届二中全会公报的鼓舞下，全市活学活用毛主席哲学著作的群众运动，正在出现一个新的高潮。这是活学活用毛泽东思想群众运动不断深入的一个重要标志。

为了发展大好形势，继续革命，乘胜前进，使全市活学活用毛泽东思想的群众运动朝着党的九届二中全会公报指引的方向深入发展，各级领导干部必须紧紧跟上工农兵活学活用毛主席哲学著作蓬勃发展的形势，加紧自己的学习，带领群众前进。为此要求：

一、全市厂矿、公社、机关、学校、街道和企业、事业单位，要继续深入开展活学活用毛泽东思想的群众运动，掀起一个活学活用毛主席哲学著作的高潮，认真学习毛主席的《实践论》、《矛盾论》、《关于正确处理人民内部矛盾的问题》、《在中国共产党全国宣传工作会议上的讲话》、《人的正确思想是从那里来的？》等光辉哲学著作。通过学习，使广大干部、群众用毛主席的哲学思想武装头脑，逐步掌握辩证唯物论和历史唯物论，反对唯心论和形而上学，自觉地执行毛主席的革命路线和方针政策，推动三大革命运动不断前进。

二、各级领导干部要做到带头学、带头用，并在群众中带头讲用。市革委会委员特别是常委，市革委会机关各部、组负责人，各区、局负责人和人民解放军支左人员，更要以身作则，带头学好。市革委会准备在今年年底召开领导干部活学活用毛主席哲学著作讲用会。

三、在普及的基础上，要积极提高。要注意培养骨干，抓好典型，引导群众抓住基本观点反复学，反复用，由浅入深，由不系统到系统。在学习毛主席哲学著作比较早的单位，要总结经验，不断提高活学活用毛主席哲学著作的水平。

四、要把三大革命运动作为活学活用毛主席哲学思想的大课堂，发扬理论联系实际的好学风，要坚决贯彻执行林副主席关于活学活用毛泽东思想的指示，认真推广工农兵活学活用毛主席哲学著作的好经验：带着深厚的无产阶级感情学，结合实际学观点，实践当中用观点，遇到问题找观点，学习一点用一点。

五、要深入开展革命大批判，在大批判中学哲学。要继续批判叛徒、内奸、工贼刘少奇及其在哲学界的代理人杨献珍之流破坏工农兵学哲学的滔天罪行，**彻底肃清他们的流毒**。要以毛主席的辩证唯物论和历史唯物论为武器，克服头脑中的唯心论和形而上学。要把学哲学和学"老三篇"结合起来，**在改造世界观上狠下功夫**。

六、要积极帮助文化低的工农兵边学理论，边学文化，"**突破文化关，攀登理论山**"。

七、各级领导一定要真正担负起领导广大群众活学活用毛泽东思想的任务。今后布置工作，检查工作，总结工作，都要把**布置、检查、总结活学活用毛泽东思想、学习毛主席哲学著作放在首位**。要善于调查研究，经常分析形势，认真总结经验，进一步抓好典型，开好讲用会。要逐步摸出一套适合本部门、本单位具体情况的领导方法和学习方法，特别要总结领导干部学好哲学的经验。要认真贯彻执行毛主席关于"**面上的工作要先抓好三分之一**"的教导，由点到面，把全市学习毛主席哲学著作的群众运动，踏踏实实地领导好。

天津工农兵活学活用毛主席哲学著作座谈会纪要

为了落实党的九届二中全会公报提出的"全党要认真学习毛主席的哲学著作"的号召，天津市革命委员会于一九七〇年九月二十一日至二十五日，召开了工农兵活学活用毛主席哲学著作座谈会。

在座谈会期间，大家怀着对伟大领袖毛主席深厚的无产阶级感情，认真地学习了九届二中全会的公报，一致认为公报提出的"全党要认真学习毛主席的哲学著作，提倡辩证唯物论和历史唯物论，反对唯心论和形而上学"的伟大号召，对于改造世界观，推动斗、批、改，加强党的思想建设，巩固无产阶级专政，夺取社会主义革命和建设的更大胜利，具有伟大的意义。大家坚决表示响应党中央的号召，认真学习毛主席的哲学著作，用毛主席的哲学思想武装头脑，在继续革命的道路上乘胜前进。

参加座谈会的同志，以切身的实践，畅谈落实毛主席关于"让哲学从哲学家的课堂上和书本里解放出来，变为群众手里的尖锐武器"的伟大教导的体会，交流了学习经验，进一步提高了学习毛主席哲学著作的自觉性。

一、干革命非学哲学不可

李长茂（第二毛纺织厂老工人）：干革命光凭一股热情不行，非有革命的理论不可。我十五岁就给资本家做工，被迫过着牛马不如的生活。毛主席把我们解放出来，我感激党、感激毛主席，一心一意想把革命和生产搞好，革命劲头很足，不知苦，不知累，白天黑夜干。结果群众对我还有意见，说我主观主义，态度生硬，方法简单。一九五七年，资产阶级右派向党进攻，我非常气愤，有满肚子话，但是干着急，批不上去。一九五八年，我开始学习毛主席的哲学著作，脑袋开了窍，懂得了一些革命理论。在无产阶级文化大革命中，我体会得更深。阶级斗争是很复杂的，离开了毛主席的哲学思想，好多事情认识不清楚，分不清那是现象，那是本质，什么是毛主席的革命路线，什么是反革命修正主义路线。十几年来，我深深体会到，毛主席的哲学思想是我们认识世界、改造世界的强大武器，是进行阶级斗争的强大武器。学习哲学，是改造世界观的需要，是三大革命斗争的需要，是支援世界革命的需要。学习哲学，是学习，又是革命；既提高思想，又推动生产。毛主席的哲学是明白学，越学越明白。我们干革命，非好好学习毛主席的哲学思想不可。

刘景英（第二毛纺织厂女工）：搞好三大革命斗争，必须学习毛主席的哲学著作。哲学是武器，没有武器就无法战斗。在社会主义这个阶段中，阶级斗争是长期的、复杂的。只有掌握了毛主席的哲学思想，才能站得高、看得远，才能分清敌、我、友，识别披着马列主义外衣的阶级敌人，才能取得思想领域阶级斗争的主动权，才能防止资本主义复辟。

张贵祥（汉沽区大王鄮大队农民）：我们大队贫下中农在斗天、斗地，斗私批修中，深深体会到，毛主席的哲学思想，是智慧的源泉，是开万把锁的钥匙。不掌握毛主席的哲学思想，有眼辨不清是非，有嘴讲不清道理，有腿走不上正路，有劲使不到实处。

李超（解放军支左人员、天津化工厂革委会副主任）：不学习毛主席的哲学思想，对许多问题就一知半解，认识不清。例如：知道社会主义社会存在阶级和阶级斗争，但认不清阶级斗争的规律，看不到阶级斗争的新动向、新特点；知道政策和策略是党的生命，但有时会受"左"的或右的干扰，不能自觉地全面地落实；知道革命统帅生产，但有时却不知道如何去统帅；知道要为革命多做贡献，但往往动机和效果不一致。学了哲学，才能正确地处理好这些问题，做一个自觉的革命者。

王淑珍（棉纺四厂女工）：目前，还有一些同志对学习毛主席的哲学著作的意义认识不足。他们说什么："我不学哲学照样能工作。"因此，学习自觉性不高。我觉得，不学哲学，不等于没有哲学，问题是那家哲学？不是用不着它，而是谁也离不开它。毛主席教导我们，**"在人类的认识史中，从来就有关于宇宙发展法则的两种见解，一种是形而上学的见解，一种是辩证法的见解，形成了互**

相对立的两种宇宙观。"毛主席讲的是"**从来就有**",可见这是普遍规律。我结合自己十多年来学哲学的实践,深深感到无论什么人的实践,都是受一定的世界观支配的:不是无产阶级的,就是非无产阶级的;不是辩证唯物论的,就是唯心论和形而上学的。在我的头脑里,也存在着两种世界观的斗争。一般说来,做对了的事情,都是合乎辩证唯物论和历史唯物论的;做错了的事情,仔细琢磨起来,都是唯心论、形而上学在起作用。这是一个客观存在,是不依自己的意志为转移的。只有承认这个实际,自觉地用毛主席的哲学思想改造自己的世界观,才能做一个自觉革命的人。

二、毛主席的哲学思想,工农兵能夠学能夠用

邢希礼(解放军支左人员):工农兵能不能学好用好毛主席的哲学思想?能,完全能够学好、用好。毛主席教导我们,马克思主义的哲学辩证唯物论有两个最显著的特点:**"一个是它的阶级性"**;**"再一个是它的实践性"**。讲阶级性,工农兵对毛主席的感情最深,立场最坚定,对毛主席的哲学思想**最容易接受**;讲实践性,工农兵战斗在三大革命斗争的第一线,最有实践经验,为什么学不懂哲学呢?!我是贫农出身,文化程度不高,但是在支左工作中,结合实际**活学活用**毛主席的哲学著作,尝到了甜头。我体会到,我们工农兵文化水平低,对学习哲学是个不利条件,但是我们对毛主席有深厚的无产阶级感情,这是我们能够学好、用好毛主席哲学思想的根

本条件。有了阶级感情，有了为革命而学的目的，才能有学哲学的迫切愿望，才有自觉性。迫切性、自觉性，就是阶级感情问题。那些缺乏无产阶级感情的人，就是有文化，也学不好、用不好毛主席的哲学思想。

张林堂（解放军支左人员）：邢希礼同志讲得对，我是今年入伍的新战士，入伍二十一天就出来支左。在支左过程中，我坚持学习毛主席的哲学著作。我也有这样的体会，提高学哲学的自觉性，一靠感情深，二靠信仰真，三靠勤对照，四靠用得多。

李长茂、王淑珍：我们工农兵学哲学是斗出来的。叛徒、内奸、工贼刘少奇及其在哲学界的代理人杨献珍之流，过去散布"哲学神秘论"，污蔑工人没有资格学哲学，说我们是"瞎胡闹"，说工人能学哲学，"还要我们这些人干什么？"这些反动家伙，就是怕我们工农兵掌握了毛主席的哲学思想，看穿他们复辟资本主义的狼子野心，所以疯狂地压制破坏工农兵学哲学的群众运动。我们工农兵要是不能学哲学，就没有无产阶级的哲学了。毛主席亲自发动和领导的无产阶级文化大革命，为我们工农兵学哲学开辟了无限广阔的道路。工农兵学哲学，是一场两个阶级、两条路线的激烈斗争。我们要掌握毛主席的光辉哲学思想，就要坚持开展革命大批判，彻底肃清刘少奇、杨献珍的余毒，大破"哲学神秘论"。"哲学神秘论"不是一下子可以破除的，要经常破，反复破。

刘景英、王淑珍、许文信（东郊区四合庄大队农民）：我们要破除"哲学神秘论",也要防止认为不费力气、轻而易举就可以把毛主席的哲学学到手的思想。有的人学了毛主席的几个哲学观点,尝到了一点甜头,就自满起来了,认为哲学很简单,没嘛可学的。这种思想也是错误的。毛主席的哲学是一门科学,必须刻苦学、多运用、勤琢磨,才能真正学到手。

张贵祥:我们大王酃大队学哲学,批判了"神秘论",还冒出一个"经验论"来,认为哲学是从实践中总结出来的,我们农民整天和实际打交道,用不着学哲学。这种思想也是不对头的。毛主席教导我们:**"有工作经验的人,要向理论方面学习,要认真读书,然后才可以使经验带上条理性、综合性,上升成为理论,然后才可以不把局部经验误认为即是普遍真理,才可不犯经验主义的错误。"**

叶世忠(第三建筑公司综合厂工人):我是个文盲,开始学哲学,有人说:"是癞蛤蟆想吃天鹅肉。"我就想,我苦大仇深,有实际经验,为什么不能学?我请别人给我念,坚持学习,也能学懂。但是没有文化,确实有困难。总叫人家给念,学得太少,太慢,跟不上形势的发展。我就下定决心,突破文化关,攀登理论山。我采取的方法是:活学、善问、多想、熟背、勤练、狠用。就这样,我既学了理论,又学习了文化。从今年二月份到现在,已经认识了四百多字,可以读一些毛主席语录,理论水平也有了一定的提高。事实说明,天下无难事,只怕有心人。

三、毛主席的哲学著作是我们学哲学的基本教材

李超：毛主席的哲学思想，就是辩证唯物论和历史唯物论。我们学习毛主席的哲学思想，主要是学习《实践论》、《矛盾论》、《关于正确处理人民内部矛盾的问题》、《在中国共产党全国宣传工作会议上的讲话》、《人的正确思想是从那里来的？》等光辉著作，这些是我们学习辩证唯物论和历史唯物论的基本教材。我们要用这些光辉的哲学著作，自觉地改造思想，指导行动，正确地执行毛主席的革命路线和无产阶级政策。

邢希礼：我在津东螺丝厂支左，开始老碰钉子，打不开局面。我遵照毛主席在《实践论》中的教导，到群众中进行调查研究，和工人群众一起学习，一起劳动，一起谈心，了解了许多问题，掌握了这个厂的基本情况。如何解决呢？我又按照毛主席在《矛盾论》中的教导，细细琢磨哪是主要矛盾，哪是次要矛盾；哪是矛盾的主要方面，哪是矛盾的非主要方面。弄清了这些问题以后，我便过细地做思想政治工作，发动群众，促进事情向好的方面转化。在广大群众的共同努力下，津东螺丝厂由"老大难"单位变为先进单位。津东螺丝厂的转变，并不是我个人有多大的能耐，是毛主席哲学思想的巨大威力。

张茂森（新港船厂工人）：我们在五千吨船台上造出了万吨巨轮，主要是依靠毛主席的《实践论》、《矛盾论》、《人的正确思

想是从那里来的？》等光辉著作。制造轮船的过程，就是我们不断学习和运用毛主席哲学思想的过程。通过制造轮船，使我们懂得了人的行动必须尊重客观规律，不能违反唯物辩证法。但是人掌握了客观规律，就可以创造出过去不敢想不敢做的事情来。

李长茂：学哲学必须和"老三篇"结合起来。干革命不学毛主席的哲学思想不行，不学毛主席的"老三篇"也不行。"老三篇"一定要学，要作为座右铭来学，学一辈子"老三篇"也不能算个够。不学习"老三篇"，不树立无产阶级"公"字，没有坚定的无产阶级立场，就学不懂哲学，就不能用哲学。学了毛主席的哲学思想，可以使我们更加深刻地理解"老三篇"，才能更好地发挥"公"字的无比威力，才能成为真正自觉革命的人。我们学习"老三篇"和学习哲学，首先要把劲使在改造世界观上。十多年来，我学哲学的一条重要体会，就是要把自己摆进去。在社会主义社会中，两个阶级、两条道路、两条路线的斗争，归根到底是两种世界观的斗争，是用无产阶级世界观改造世界，还是用资产阶级世界观改造世界的问题。毛主席教导说："**物质可以变成精神，精神可以变成物质**"。世界观对头了，可以产生巨大的物质力量。因此，学哲学必须自觉地斗私批修，在改造世界观上狠下功夫。

四、必須发扬理論联系实际的好学风，在斗争中学，在斗争中用

王淑珍、竇改秀（五一二厂女工）：学哲学，必须从实际出发，紧密结合三大革命实践。脱离了实际，学不懂，也用不上。我们开始学哲学，什么"矛盾"呀，"实践"呀，这些名词都不懂。后来联系三大革命的实际，带着问题学，很快就明白了，并且能够用。带着问题学，也要抓主要矛盾，不能大事小事都带。要带着"纲"上和"线"上的问题学，"纲"和"线"是一个人、一个单位的方向，是整个革命事业的方向。只有带着"纲"上和"线"上的问题学，才能有远大的目标，才能有革命的宽阔胸怀。长期以来，我们坚持在三大革命斗争中学哲学、用哲学，深深感到：毛主席的光辉哲学思想，是我们进行阶级斗争、生产斗争、科学实验三大革命运动的强大思想武器；三大革命运动又是我们工农兵活学活用毛主席哲学思想的大课堂。

唐世民（汽车运输二厂装卸队工人）：在这个问题上，我们是有教训的。开始不联系实际，坐在房子里抠名词、钻概念，争论什么是"形而上学"，什么是"法则"等等，越学越没有劲。有人说："不如早打退堂鼓，免得后来难迈步。"后来，听了李长茂同志学哲学的经验，感到我们的路子不对头。理论是从实践中来的，离开实践就学不懂、用不上。最近，我们学习矛盾的普遍性，就联系

队里的实际，摆出了许多矛盾：装卸质量和数量的矛盾，装卸工人和汽车司机的矛盾，领导和被领导的矛盾，先进同落后的矛盾。这样一摆，大家懂得了矛盾的普遍性。原来我们天天跟矛盾打交道，却不认识矛盾。从此以后，经常地联系实际摆问题，用毛主席的哲学思想去解决问题。

张林堂：我在入伍前也学过哲学，但没有联系实际，很多问题弄不清楚。参军以后，受到邢希礼同志学哲学的启发，结合实际斗争学习哲学，就懂得了很多道理，如人和物的关系，批评和表扬的关系，公和私的关系，敢于斗争和善于斗争的关系，办事情、处理问题就和过去不一样了，有了一些主动权。我感到，理论必须联系实际，不然的话，一学就"懂"，一丢就忘，一用就错。

左维华（西郊郭村大队农民）、**王淑珍**：我们还有一条经验，就是要在革命大批判中学哲学。毛主席教导我们："**共产党的哲学就是斗争哲学**"。哲学是在斗争中产生的，只有在斗争中才能掌握它。不搞革命大批判，不批倒唯心论和形而上学，辩证唯物论和历史唯物论在自己脑子里就立不起来。同时，哲学又是斗争的武器。我们学好了哲学，掌握了这个武器，就能更深刻地批判修正主义和各种反动思想，彻底肃清叛徒、内奸、工贼刘少奇的反革命修正主义路线的余毒。

在我们脑子里，也有唯心论和形而上学的东西。不批判，就分不清自己脑子里是哪家的哲学。我们根据李长茂同志的经验，学哲学时把自己摆进去，在改造世界观上狠下功夫，对资产阶级世界观在自己身上的表现，要狠狠进行批判。没有一个瓜不结在藤上，没有一个思想不联在世界观上。同自己头脑中的旧思想斗，一定要斗在世界观上，用无产阶级的"公"字斗掉资产阶级"私"字，用辩证唯物论和历史唯物论克服头脑中的唯心论和形而上学。

邢希礼：要把毛主席的哲学思想学到手，我体会还要坚持少而精的原则。我的学习方法是：结合实际学观点，学习一点用一点。这样由少到多，由浅到深，由不系统到系统，逐步融汇贯通。

我开始学哲学时，首先遇到的问题就是不知从那儿学起。《矛盾论》读了一遍又一遍，但是前边读过后边忘，脑子里印象不深。后来，我根据林副主席关于如何学习毛主席著作的指示，找出了前一段没有学进去的教训。认识到，为革命而学的愿望是有的，但方法不对头。一是没结合实践学习，一是学的面太宽，不是少而精。从那以后，我就结合实际学观点，实践当中用观点，遇到问题找观点，学习一点用一点。比如，我认识到主观能动性和客观可能性要结合在一起，如果只有敢于革命的精神，而缺乏科学的态度，就可能蛮干。所以二者不能分家，一分家，就会变成唯心论或机械唯物论，就会好心办坏事，主观上有革命的热情，客观上达不到革命的愿望。敢干好比发动机，善干好比方向盘，汽车没有发动机不能走，有发动机没有方向盘会开到邪路上去，二者紧密地结合起来，才能在革命的大道上胜利前进。只要坚持在三大革命斗争中学，就能落实毛主席关于"**让哲学从哲学家的课堂上和书本里解放出来**"的伟大指示。

李长茂：我觉得，要把毛主席的哲学思想真正学到手，还要"**多思**"，养成分析的习惯。毛主席教导说："**多想出智慧**"，这是真理。不勤动脑子，不善于思考，也学不好哲学。我们工农兵学哲学，要联系三大革命实际，多用脑子，遇到问题多问几个为什么，这样才可以钻得深，**收效大**。例如：从"老三篇"中学习毛主席的哲学思想这个问题，我也不是想一下就认识了的，而是和同志们一起研究，经常琢磨，反复思考，才慢慢认识的。

张贵祥：如何学习哲学，我完全同意上面几个同志的看法。我们大王鄪大队，过去是一个三面碱地一面洼，碱地不拿苗，洼地大水灌的穷队，年年吃国家的补助粮。为了改变落后面貌，在学习"老三篇"的基础上，掀起了学习毛主席哲学著作的群众运动。学习了"**物质可以变成精神，精神可以变成物质**"和"**一分为二**"的观点，批判了"命定论"，认识到盐碱是可以改造的，穷队是可以变富的，群众的劲儿就起来了，大家奋战了六个冬春，治碱改地，挑沟挖渠，将一千六百多亩盐碱地改成了条田，由缺粮队变成了余粮队，由后进队变成了先进队。我们的经验，就是林副主席提出的"三十字"方针和少而精的原则，遇到问题自觉学，多想，多分析，为革命用脑子；结合形势总结工作、找差距；基本观点反复学、深入学。总起来讲，我们就靠"老三篇"起家，靠毛主席的哲学思想前进的。

五、領导干部要做群众学哲学的带头人

陈友汉（解放军某部指导员）：我们连开始组织干部、战士学哲学，遇到了一个问题，就是群众起来了，领导班子应该怎么办？我们党支部采取了一些措施，首先是提高干部对学习毛主席哲学思想伟大意义的认识，使大家懂得，活学活用毛主席哲学思想，是活学活用毛泽东思想群众运动的新发展，是连队思想建设的根本问题，是突出无产阶级政治的最重要环节，必须把开展活学活用毛主席哲学思想当成部队革命化、战斗化的头等大事来抓。党支部还决定，干部不仅要和群众一起学习，而且要先学一步，做好群众学习毛主席哲学思想的带头人。同时，我们支部成员深入班、排，狠抓典型。发现了先进单位、先进个人，及时召开讲用会，传播他们的经验。就这样，一步一步地提高了战士和干部学习毛主席哲学思想的自觉性，使得我们连队活学活用毛主席哲学思想的群众运动不断深入，促进了连队思想革命化。

郭玉彬（建工局革委会主任）：领导干部怎样带头学，带头用，学中带，是组织好工人群众学好哲学的一个关键问题。学是带的前提，带是学的继续；带而不学没本钱，学而不带就失职。要带就要学，学中有带，带中有学，这就是学与带的辩证法。我们局常委会决议，凡是要求下面学的，自己首先要学好；凡是要求下面执行的，自己首先带头执行。

工人同志学哲学的自觉性很高，我们领导上带头做了一点，他们就会马上跟上来。就拿第三建筑公司综合厂来说，这个厂原来是学哲学的后进单位，今年初，一个学哲学小组也没有。原因不是群众落后．而是我们领导落后，没有带头学，没有组织群众学。针对这种情况，我们到这个厂去蹲点，参加工人的"天天读"，带头学，带头用，带头讲，很快就把群众发动起来了。当发现老工人叶世忠组织起第一个学哲学小组刻苦学习的典型后，我们立即总结和推广了他们的经验，并培养了一批骨干，进一步推动了群众学习哲学的热潮。现在全厂已有五十多个学哲学小组。整个局的形势也很好，现在已有九百五十五个工人学哲学小组，参加的人数占职工总人数的百分之八、九十。我过去只抓砖头、石头、钢筋头，结果吃了苦头。经过无产阶级文化大革命，提高了思想觉悟，注意狠抓根本，尝到了甜头。

李长茂、许文信、张贵祥：深入开展学习毛主席哲学著作的群众运动，抓那一环呢？干部是重要的一环。要在群众思想上落实，首先要在干部思想上落实；要使群众学习好，首先干部要学习好。党的九届二中全会公报发表以后，工农兵学哲学的劲头越来越大。现在的问题是，领导要跟上形势，站在群众运动的前头，把全市活学活用毛主席哲学著作的群众运动推向一个新的高潮。

发：各区、局革委会，各基层单位革委会，市革委会各部、组、办。
抄：市支左联络站、四六八八部队、警备区，驻津部队团以上单位。

（共印14,000份）

天津市革命委员会办事组　　　　　一九七〇年十月五日印发

中共天津市和平区委员会文件

津和委字（71）002号

★

中共和平区委员会

关于进一步办好"五七"干校，继续

对干部进行轮训工作的通知

在伟大領袖毛主席光輝《五七指示》和关于"广大干部下放劳动"指示的指引下，我区"五七"干校在轮训在职干部方面作了一些工作，取得了一定成績。实踐証明，"五七"干校是用毛澤东思想教育干部，改造世界观，培养一支忠于毛主席、忠于毛澤东思想、忠于毛主席革命路綫的干部队伍的极好学校。根据毛主席在全党"进行一次思想和政治路綫方面的教育"的教导，我区"五七"干校必須坚定地办下去，幷且一定要办好。这对于加深干部对毛澤东思想和毛主席革命路綫的訊识，提高执行捍卫毛主席革命路綫的自觉性，提高辨别眞假馬克思主义的能力，加速世界观的改造，巩固无产阶級专政，防止資本主义复辟，有着极其重要的意义。

一、"五七"干校要坚决貫彻执行毛主席的无产阶級干部教育路綫，高举毛澤东思想偉大紅旗，突出无产阶级政治，遵照毛主席的光輝《五七指示》和关于"广大干部下放劳动"的指示，以毛澤东思想"育人建政"为根本指导思想，繼續对在职干部进行淪訓工作。

在办校过程中，要狠抓两条路綫斗爭，深入持久地批判叛徒、內奸、工賊刘少奇的反革命修正主义干部教育路綫，既要坚决反对"閉門修养"、"关門讀书"，輕視劳动，脫离三大革命斗爭实踐；又要坚决反对劳动与改造世界观脱节，劳动与学习馬克思主义、列宁主义、毛澤东思想脱节的"劳动自然改造論"。在"五·七"干校学习的学员，既要参加劳动鍛煉，又要重視理論学习；既要在校內学习，又要适当走出校門参加农村三大革命斗爭。接受貧下中农再教育。一切工作都要緊緊圍繞改造世界观，提高阶级斗爭、路綫斗爭和繼續革命觉悟出发，坚持用毛澤东思想育人第一，一切为了育人的原则。

要以抗大为榜样，坚持政治建校的方針，坚决貫彻落实两个"决議"，大学解放軍，坚持"四个第一"，开展創四好运动，大兴三八作风，发扬自力更生，艰苦奋斗，勤儉建校的光荣傳統，全面落实毛主席的《五七指示》和关于"广大干部下放劳动"的指示，为更好地完成培訓干部的光荣任务而努力。

二到"五·七"干校参加学习的学員主要是下列对象：

1. 区、区属局、公司和街机关的在职干部；
2. 基层党支部全体委員、革委会全体委員；
3. 基层单位中的新生力量和政治工作骨干；
4. 其它需要到干校学习的干部（老、弱、病、残者除外）。

根据上述不同对象，分别編为短訓班和长訓班。短訓班有一期两个月和一期三个月两种。长訓班一期一年。区、区属局、公司和街机关在职干部和基层党支部、革委会领导班子成員編入短訓班。

中共天津市和平区委员会文件

津和委 （71）005号

★

批转《天津市和平区革命委员会人保组

关于当前一个时期的主要斗争任务》的通知

各局、公司、街和各基层党组织：

遵照伟大领袖毛主席关于"保卫工作十分重要，必须尽力加强之"的教导，为了贯彻落实第十五次全国公安会议和天津市公安工作会议精神，区党委同意《天津市和平区革命委员会人保组关于当前一个时期的主要斗争任务》，现转发给你们，望认真贯彻执行。

中共天津市和平区委员会

197１年 月30日

毛 主 席 语 录

团结起来，为了一个目标，就是巩固无产阶级专政，要落实到每个工厂、农村、机关、学校。

天津市和平区革命委员会人保组
关于当前一个时期的主要斗争任务

当前我区对敌斗争形势大好。通过认真贯彻毛主席关于"党委领导，全党动员，群众动员"的伟大方针，狠抓清理阶级队伍，深入开展"一打三反"运动，取得了很大成绩。全区挖出了一批叛徒、特务及各类反坏分子，破获了一批反革命和刑事案件，搞出了一批贪污盗窃、投机倒把分子。狠狠打击了敌人，维护了革命秩序，有力地推动了抓革命，促生产，促工作，促战备，巩固和加强了无产阶级专政。

伟大领袖毛主席教导我们："我们已经取得了伟大的胜利，但是，失败的阶级还要挣扎。这些人还在，这个阶级还在。"一小撮阶级敌人受到沉重打击后，正在变换反革命手法，活动更加隐蔽狡猾。少数反革命分子穷凶极恶，疯狂进行阶级报复；一些性质严重、手段恶劣的反革命和刑事案件还屡有发生；帝、修、反也在千方百计地进行特务间谍活动，阶级斗争仍然是尖锐、复杂的。"我们务必不要松懈自己的警惕性"，必须遵照毛主席"提高警惕，保卫祖国"的伟大教导根据党的"九大"、九届二中全会提出的各项战斗任务，认真贯彻执行第十五次全国公安会议和天津市公安工作会议精神，在各级党委的领导下，抓住当前"极好时机"，鼓足革命干劲，努力做好以下几项工作：

一、继续深入地开展活学活用毛泽东思想的群众运动，坚持坚定正确的政治方向。

全体公安保卫人员要努力学习毛主席关于无产阶级专政下继续革命的伟大理论，学习毛主席的光辉哲学思想，特别要学好毛主席关于阶级和阶级斗争的观点、群众观点、实践的观点和"一分为二"的观点，发扬理论联系实际的革命学风，斗私批修，自觉地改造世界观，不断地提高阶级斗争、路线斗争觉悟和继续革命的觉悟。

遵照毛主席关于"认真看书学习，弄通马克思主义"的指示，各级领导干部在认真学习毛主席著作的同时，要读一些马、列主义的基本著作，用马克思主义的对立统一规律观察问题，提高识别真假马列主义的能力。结合公安战线两条路线斗争实际，深入开展革命大批判，狠批王明、刘少奇一类骗子散布的"阶级斗争熄灭论"、"先验论"、"唯生产力论"、"人性论"等反动的唯心论，围绕第十五次全国公安会议《纪要》提出的"六破六立"，继续狠批刘、彭、罗在公安战线上推行的反革命修正主义路线，肃清流毒影响，从思想上划清两条路线的界限，自觉地执行毛主席的革命路线。

遵照伟大领袖毛主席关于在全党"进行一次思想和政治路线方面的教育"的指示和中共中央一九七一年三号文件精神，根据区党委的统一安排部署，在全体公安保卫人员中认真搞好路线教育和开展一场反骄破满的自我教育运动，坚决反对在一些公安保卫人员中存在的居功自持，骄傲自满，说假话，形而上学，主观主义，搞逼、供、信，特权思想、对内搞大国沙文主义，不走正道等资产阶级思想作风，坚决反对"公安工作危险论"，"公安工作吃亏论"、"公安工作倒霉论"等错误思想。永远保持"谦虚，谨慎，戒骄，戒躁""全心全意地为人民服务"的无产阶级作风，使公安保卫队伍"作风某些不正之处转为正规化"。

遵照毛主席"全国学习解放军"的教导，以两个"决议"为指针，坚持四个第一，大兴三八作风，发扬三大民主，深入开展四好运动。坚持在一切工作中突出无产阶级政治，做到抓政治不忘带，抓业务不忘帅，切实搞好公安保卫队伍的革命化、战斗化建设。

二、继续抓紧"一打三反"运动，彻底清查"五·一六"反革命阴谋集团。

继续贯彻中共中央一九七〇年三、五、六号文件和一九七一年一号文件精神，在区党委的领导下，"要实行依靠广大人民群众和专门机关相结合的方针"，进一步发动群众，开展调查研究，"进行更系统的侦察工作"，深挖间谍、特务和其他反革命分子，有力打击敌人现行破坏活动。对运动中揭发出来的重大案件线索，要抓紧调查处理，坚决执行党的各项无产阶级政策，严格区分两类不同性质的矛盾，抓紧对清队和"一打三反"运动中遗留案件的查证核实和定案处理工作。

坚决贯彻执行中央一九七一年十三号文件精神，彻底清查"五·一六"反革命阴谋集团。实行毛主席规定的"首长负责、自己动手、领导骨干与广大群众相结合、一般号召与个别指导相结合、调查研究、分清是非轻重、争取失足者、培养干部、教育群众的方针。"以清查反革命罪行为主，重点是清出坏头头、主谋者和幕后操纵者。根据市公安工作会议《纪要》中指出的"要通过查清我市无产阶级文化大革命中发生的重大破坏事件，彻底清算江枫、胡昭衡、王亢之、方纪、李耕夫反革命阴谋集团的罪行"的精神，各级人保组织要在各级党委、支部的领导下，结合本地区、本单位的阶级斗争实际，深入发动群众，开展"四六"。认真抓紧专案调查工作，要"重证据，重调查研究"，把罪行一个一个查清楚。要认真贯彻党的政策，"利用矛盾，争取多数，反对少数，各个击破"，严格区别主犯、从犯和被胁从、受蒙蔽的人，既要防止扩大化，又不要一风吹，稳、准、狠地打击一小撮阶级敌人。

认真搞好社会清队工作。(1)在区党委的领导下，组织社会清队工作领导小组，负责领导和推动全区社会清队工作的深入开展。各街要在党委领导下，进一步克服松劲麻痹情绪，健全社会清队工作的专门班子，紧密结合"一打三反"运动，积极搞好本地区的清队工作；(2)采取领导骨干与广大群众相结合，一般号召与个别指导相结合的方法，充分运用党的政策，发动群众，揭发检举，促使有问题的人坦白交待；(3)对揭发检举线索，要认真搞好排队，确定重点抓紧调查处理工作。其中属于重大历史和现行反革命线索由区公安机关、派出所负责调查，一般线索由街负责组织骨干群众调查。

三、狠抓打击敌人现行破坏和刑事犯罪活动的斗争。

　　各级人保组织要紧密结合"一打三反"运动，积极开展敌情调查研究，及时掌握敌情动向，注意发现里通外国、叛国投敌、反革命集团、反动会道门等反革命活动线索，及时开展调查，获取罪证，严厉打击。

　　充分依靠群众加强对反革命传单、标语、匿名信案件的侦破工作。对其中遗留或新发生的大案、要案，要以业务组为主，基层单位紧密配合，协同破案。同时，各基层人保组、派出所要搞好本单位、本地区一般政治案件的查破工作。

　　进一步加强同刑事犯罪的斗争，积极扭转刑事案件发多破少的局面，刑侦部门要抓紧对刑事大案、要案的侦破工作。基层人保组、派出所要积极查破本单位、本地区的一般刑事案件。为搞好破案斗争，刑侦、予审、清档和基层单位要采取行之有效的措施，加强挂钩，互通情况，搞好协同作战，贯彻以防为主的方针，认真落实各项防范措施。依靠群众开展经常性的刑事犯罪嫌疑分子的调查研究，严密掌握动态，及时发现犯罪分子。本着有破有立的精神，抓紧搞好刑侦业务建设。

　　加强侦察干部队伍建设，搞好思想革命化和组织革命化。根据对敌斗争的需要，有领导、有计划地，积极而慎重地建设一支"隐蔽"、"精干"的秘密侦察力量。

　　四加强对工企内部的保卫工作。

　　对生产军工、尖端、援外产品等要害部门的人员，要严格政治审查，不适合的要调离，纯洁内部，确保安全。严格保密和各项生产安全制度，防止失、泄密、窃密以及生产破坏事故发生。

认真做好首长、外宾的警卫工作。对首长驻地周围的五类分子和政、刑嫌疑分子要依靠群众严密监控。

根据第十五次全国公安会议和市公安工作会议精神，建立健全工、企学单位的人保组织，在党委领导和公安机关的指导下，加强内部保卫工作。局和公司所属各基层单位要设立专职或兼职人保干部。各基层单位党委（支部）和革委会有一名负责同志主管保卫工作。

遵照毛主席"普遍组织群众的治安保卫委员会"的指示和中央一九七一年一号文件精神，各工厂、企业、学校等基层单位要抓紧时间普遍建立健全群众性的治保会组织。治保会要在基层党委（支部）、革委会和公安机关的领导下，坚决执行毛主席的革命路线，团结带领广大职工群众对阶级敌人实行专政，搞好内部保卫工作。

五进一步加强户口管理工作。

认真贯彻执行毛主席关于"依靠群众，认真监督，就地改造"的方针和"几个好人中夹一个坏人，这就专了政"的指示，依靠群众坚持思想改造与劳动改造相结合的方法，监督改造五类分子，把其中绝大多数人改造成为自食其力的新人。对有正式职业或作临时工的五类分子，派出所要与工企单位密切挂钩，建立双重监改小组，依靠内部职工和广大群众进行监督改造。

依靠群众严密监视控制各类政、刑嫌疑分子和危险分子，开展经常性调查研究，做到底数清，情况明，掌握动态及时，发现敌人，主动出击。

加强户口工作业务建设，坚持日常户口变动制度，经常保持户口项目准确，搞好档案管理，充分发挥其为对敌斗争服务的作用。为搞好户口管理工作，必须保持户籍民警相对的稳定，在一般情况下，民警每周深入群众户查时间不少于三天。户籍民警要首先积极做好对五类分子和各类重点分子的历史、经济、社会关系、现实表现等情况的熟悉，在此基础上，逐步熟悉管界成年人口基本情况。加强暂住户口管理，对海外回归分子要保证在二十四小时内发现。

进一步加强街道治保会的思想和组织建设，使之切实"担负协助人民政府肃清反革命，防奸、防谍，保卫国家和公众治安的责任。"

六加强治安管理，维护好革命秩序。

积极组织和发动广大职工和群众，开展经常性的防奸、防盗、防火、防交通事故的宣传检查活动。充分发挥行业治保会的作用，加强对复杂行业和重点场所、繁华地区的治安管理，发现和予防各种犯罪活动。

工厂、企业、学校人保组织、派出所要加强对青少年的教育工作。要充分认识搞好这项工作是关系着培养无产阶级革命事业接班人，保证我们社会主义祖国永不变色的大问题。要对青少年经常进行阶级斗争、革命传统、政策法令和道德品质的教育，积极占领业余、课余的思想阵地；坚决取缔黄色书刊，严厉打击腐蚀青少年犯罪的教唆犯。坚持以教育为主的方针，采取民警、街道、学校和家长"四结合"的方法，认真地过细地做好有违法犯罪活动的青少年的改造教育工作。根据"恢复、整顿劳动教养和强制劳动"的指示，对有严重犯罪和一贯危害治安的分子，要积极作好材料查证处理的准备工作。

做好对自流人口的收容、审查、遣送工作。开展经常性的清理活动，打击流窜犯。

根据阶级斗争需要，适时召开公判大会，对有破坏活动的反、坏分子要组织群众进行批判斗争。

严格枪支、弹药、毒品、易燃易爆物品的管理，加强安全生产，防止各种事故。

专政真执行党的对敌斗争政策，巩固和加强无产阶级专政。

坚决贯彻落实伟大领袖毛主席亲自批示"照办"的中央一九七一年一号文件精神，严格控制捕人、拘人。对没有捕的，都要"发动群众，认真监督，就地改造。"

认真坚持集体审批和案件复查工作制度，进一步提高予审办案质量，严防错假案件。抓紧押犯的清理工作。

积极作好看守工作，坚持用毛泽东思想改造教育犯人。加强押犯的思想、生活管理，严防逃跑、自杀及传染病事故发生。

全体公安保卫人员要更高地举起毛泽东思想伟大红旗，努力活学活用毛泽东思想，坚决执行和捍卫毛主席的革命路线，为完成"九大"九届二中全会提出的各项战斗任务，完成第十五次全国公安会议和天津市公安工作会议提出的公安保卫任务，为巩固和加强无产阶级专政立新功。"团结起来，争取更大的胜利。"

文革史料叢刊

〔内卩参攷 不要外传〕

附:

（65） 津发字90号

〔密〕

市委批转市經委"关于召开托拉斯
工业公司工作座谈会的情况报告"

市委各部 委 各区委 党委 党组,并报华北局、省委

　　市委同意市经委'关于召开"托拉斯',工业公司工作座谈会的情况报告"。

　　如何管理好工业,对我们来说,仍然是一个没有完全解决的问题。中央提出试办"托拉斯"的指示,为我们指出了方向。我们必须在实践中,认真总结经验,逐步摸索出一套工业的办法。

　　报告中,关于加强工业公司的意见是可行的,这有利于实行政治 经济和技术的统一领导,有利于逐步用经济的办法管理企业这方面的经验 也希望你们注意研究总结。

　　不妥之处,请华北局,省委指正。

中共天津市委

一九六五年九月廿日

关于召开 "托拉斯" 工业公司工作座谈会的情况报告

我们在七月十九日到二十四日召开了"托拉斯"工业公司工作座谈会。会上传达了中央召开的"托拉斯"试点工作座谈会的精神，总结和交流了本市半年来试办"托拉斯"的工作经验，研究了加强工业公司工作的办法。会议期间，市委书记处听取了汇报，并作了重要指示。这次会议对今后"托拉斯"的试办工作和发挥工业公司的作用，将起有力的推动作用。

（一）

今年以来，全市试办了五个"托拉斯"。其中橡胶、制药、电力是全国性"托拉斯"在天津的分公司；机床工具、造纸、染料化学三个"托拉斯"是地方试办的。半年多来，这些初步组织起来的"托拉斯"，已经开始显示了用经济办法管理工业的优越性，实行政治、经济、技术的统一管理，改变了多头管工厂的局面，减轻了企业的负担，有利于克服五多"，有利于解决基层的忙乱现象，政治同经济、技术业务结合比较紧密，有利于突击政治用政治来统帅业务，由于集中管理技术、经济业务，有利于克服人力、财力、物力的浪费；各工厂的共同性事物由公司集中办理后，工厂领导干部更有条件集中力量抓思想、搞生产；各工厂在统筹规划下，合理分工，有利于专业化协作的发展，由于力量集中，更有条件根据全行业的情况打"歼灭战"，加速改变行业面貌，赶超国内外先进水平。今年以来，各试办单位的生产都有大幅度增长，原因固然很多，但试办"托拉斯"的各项工作，也起了有力的促进作用。由于上述这些事实，逐步地说服了那些原来抱有怀疑态度的同志，使试办工作受到了各工厂的领导干部和

161

广大职工的欢迎和支持。各公司的同志在回顾半年来的工作时，一致认为：虽然我们做的工作还不多，还有很多缺点，但是大量的事实证明，中央试办"托拉斯"的决定是完全正确的，用"托拉斯"办法管理工业，是我们工业管理的发展方向，是工业管理的重大改革，必将多快好省地促进我国社会主义建设事业的发展。

根据半年来的实践，要办好"托拉斯"，必须解决以下几个问题。

一、必须突出政治，实行政治 经济 技术的集中统一管理。

大家回顾了一九五八年以来我市工业管理的几个阶段，并把各阶段的工作同试办以后的情况进行了比较。一致认为，"托拉斯"所表现出来的优越性，来源于它是统一的经济核算单，在公司内了实行集中统一的领导。如果没有政治、经济、技术的集中统一管理，也就不可能发挥托拉斯"的优越性。因此，试办"托拉斯"就必须克服各种错误思想，加强公司的集中统一。

同时，大家也意识到 要用"托拉斯"集中统一管理的优越条件来提高质量 增加品种 降低成本 增加积累 提高生产技术水平 努力发展生产，更好地为国家建设和人民生活服务 就必须突出政治 用毛泽东思想来统帅经济 技术业务，时刻坚持正确的政治方向，全心全意为人民服务，而不能为一个小集团的利益，实行自由化"，办成资本主义或者修正主义的"托拉斯"。

二、必须正确处理集中领导和分级管理的关系。

实行公司集中统一的管理，是各工厂的迫切要求。许多企业在生产实践中深 感到 各工厂联合起来办理共同的业务 实行集中统一的管理 合理分工，就可以克服困难，减少浪费，多快好省地发展生产，为国家建设和人民生活作出更大的贡献。但是公司在实行集中统一的领导时，必须同时实行分级管理 给工厂以充分的权力，以便在集中统一的领导下 发挥企业的主动性和创造性。否则，必将影响他们的积极性，甚至增加他们的困难，造成更大的浪费。试办初期，有的公司就在这个问题上过了头，统的太死，甚至买一把生产用的水勞貨也要到公司来讨钱、报销，束缚了工厂的手脚，使一部分工厂的领导干部消极、观望，个别的持反对态度。而公司也增加了不必要的事物，陷於忙乱被动。由于没有强调分级管理，在一些工厂中还曾经出现过"吃大锅饭"的现象，发生过"两不愁"（不愁没钱发工资，不愁没钱买原料）"两不管"（不管消耗定额，不管产品销售）的问题，其结果反而不利於集中统一的管理。

三，必须正确处理管理和服务的关系

公司集中统一以后，必须首先强调"三面向"，更好地为基层服务，把集中统一建立在为工厂，为生产服务的基础上。只有服务好，才能管理好。造带公司开始集中管理物资的时候，工厂担心供应不上，对公司打埋伏，少用多领。但是由於公司服务得好，做到保质保务、按时供应到厂，解除了工厂的顾虑，他们也就自动地将多领的物资退给了公司。现在很多工厂对公司比较满意，就是因为公司强调搞好服务的结果。但总的说来，现在服务工作还很不够，还必须进一步实行革命化，总结经验，改进工作。

强调服务好，并不意味可以放松管理。集中统一管理，也是为了更好地为工厂服务。对这个问题，有的单位开始时也程度不同地存在着片面认识，只讲服务，不讲管理，曾经发生过的"吃大锅饭"的现象，也是管理工作没有跟上的结果。

因此，必须把管理和服务正确地结合起来，既要服务好，又要管理好，两者不能偏废。

四，试办"托拉斯"在开步走的时候，还必须注意以下几个问题。

（1）要内外、上下统一思想，统一行动，因为这是新事物，统一思想，十分重要。在试办过程中，必须自始至终突出政治，抓活思想。要做到政治先行，政治统帅业务，不要就业务论业务就管理管理。既然这是大家的要求，就要充分依靠基层，发动群众，上下，内外结合，大家来办，而不要单纯依靠少数人冷冷清清地制定方案，自上而下地进行集中统一。

(2) 各行业的情况不同，大厂小厂业务繁简，基础强弱等情况不同，因此要从实际出发，进行调查研究，具体分析，区别对待，才能一般化。学习别人的经验，也要结合自己的具体情况，不要机械地照搬。

(3) 要敢于革命，敢于创造，不怕碰钉子，走弯路。但又要有科学态度，一切经过试验。改革业务必须坚持破立结合。

(4) 要从工厂最需要办的事情和从最容易见到效果的方面入手。一般可以先从供销业务的集中管理做起。

以上这些经验教训，只是初步的。我们正在根据中央召开的"拖拉斯"试办工作座谈会的精神，结合贯彻市委扩大会议的指示，把已经办起来的"托拉斯"办好，以便进一步取得经验。

下半年要根据集中领导和分级负责的原则，继续加强"托拉斯"的集中统一管理，同时，对集中不当的要进行调查。注意加强统一核补和分级核标，明确各级的经济责任。继续实行"二直间"，为工厂服务，在服务中抓好管理。促进企业管理革命化，抓好各项业务制度的改革和建设。特别是要加强生产，技术的管理工作，充分发挥"托拉斯"的优越性。按照市委扩大会议的要求，要更有目的，有计划地狠抓技术、经济方面的重大措施，迅速改变落后面貌。

这批新试办的托拉斯"，集体所有制企业比较多。为了便于集中统一管理，市委己经决定托拉斯所属的手工业生产合作社改为合作工厂，公司内卫的合作工厂实行统一核标，但与全民所有制工厂分别立账。这涉及到政策问题，必须取得经验逐步进行。

为了取得更多的试办经验，市委决定再办标准件，汽车配件仪表、塑料，针织五个"托拉斯"式的公司。由于有中央的方针政策的指导，又有着一批试办上取得的初步经验，形势很有利。只要我们认真吃透两头，认真吸取过去的经验教训，一定能办得更快、更好。

（二）

全市工业系统中，除了已经试办和准备试办的"托拉斯"以外，还有三十五个工业公司。会议期间，也交流了这些公司的工作经验，并着重研究了如何进一步发挥公司作用的办法。

自从去年年初市人委发布"天津市专业公司组织暂行办法（草案）"以来，确定工业公司成为一级管理机关之后，各工业局都根据规定，下放了一些职权，使公司在工作中具有一定的独立性和机动性，因而在加强工业管理，组织工业生产方面，发挥了更大的作用。

加强了行业内部生产协作的统一安排和调度。自行车公司的"双喜"牌自行车，过去上、中旬很少出成品，大部分挤到下旬，去年十月以来，公司以总装厂为"龙头"，对各协作配套厂的生产计划按月安排，按旬检查，及时调度，做到每月各旬都能比较均衡地出成品，不仅使企业的生产潜力得以发挥，而且还提了产品质量，加速了资金周转。

统一安排技术措施、技术改造和基本建设项目，便于有计划有目的地集中精力打歼灭战，对加速改变行业落后面貌有很大作用。针织公司今年集中了二〇〇万元的资金订购了新袜机一百五十一台，各种配套设备二百八十多台，准备重点改造袜子行业。

对企业之间人力、物力的余缺及时进行了调剂，保证了生产需要。化学原料公司从去年以来，先后调了各种设备二百一十六台，节省投资五十余万元。

还有些公司按照专业化和协作化的原则，对企业进行了调查，充实了公司的技术后方，更好地为各厂的技术改造和设备维修服务，并且通过组织技术协作，总结推广先进经验，推动了技术革命的开展。

也有少数公司已经实行了原材料供应和产品销售的统一管理

情况说明，工业公司改为 级行政管理机构以后，已经前进了一大步。

但是，大家也感觉到，目前工业管理中还有很多问题，要求 业公司作更多的工作。例如：企业要求改变多头领导的状况，要求公司把政治 经济 技术工作统一管起来；要求公司对各 步性的事情加以集中管理，以减少浪费；要求公司把可以集中 理的事等集中起来，为企业服务，使企业能集中精力更好地 着专业化协作的原则，进行工业调整以后，要求公司加强生产 度，做更细致的生产组织工作；   和超过国内外先进水 改变行业的生产面貌，要求公司统筹规划，合理分工，更有 划有目的地集中力量打歼灭战。所有这些，一方面，说明公司 工作上还有很多缺点，很多该办的事情还没有办起来，另 方 ，也说明公司还是行政管理机构，只能用行政办法管工厂，还 限制了它的作用的发挥。

根据去年以来试办"托拉斯"的实践经验，中央已经初步肯 办"托拉斯"式的公司是工业管理的发展方向。今年六月，市 决定在工业公司设立党委，实行党政统一领导，这就为进一 加强公司的工作创造了极为重要的条件。因此，现在有必要也 可能进一步加强工业公司，加大它的职权，并为由行政管理机 收为直接管理工业的 级经济组织创造条件，逐步把向"托拉 "过渡。

为了进一步加强工业公司的工作，充分发挥它的作用，大家 ，今后工业公司的任务应当是 (1)对所属企业实行政治 经济 技术和管理的统一领导，全面规划，统筹安排全公司的工作， 坚持四个第 ，加强全行业的思想政治工作的领导，(3)，统 导全行业的科学技术工作，努力赶超国内外先进水平，(4)， 对企业的服务工作，受理所属企业的生产计划，具体办理供 务，组织供产销平衡，保证全面完成国家计划，(5)，领导所际在也组织香方面的建设，办好革命化的企业。

为了使工业公司能够完成上述任务，充分发挥它的作用，大家认为，需要解决以下几个具体问题：

一、由公司统一理室供销业务，并且相应地其所系企业的部分流动资金、仓库和运输工具。物资供应计划的困签主管局统一平衡上报。但各公司可以直接与物资部门和商业部门对口、具体衔接，办理供销业务。

二、由公司统一管理固定资产、基本建设投资、"四项费用"技术改造费、大修理费，亦可根据生产需要，在公司以下统一调剂使用。公司并可向银行贷款。

三、由公司统一管理完却指标和工资总额，并可以在企业之间调剂使用。

四、公司机关改为企业编制，享受企业待遇，经费糅入生产成本、编制人改根据工作的需要，在不增加全公司非生产人员总次，不削弱企业领导的条件下，经上级批准，亦可适当增加。

根据上面这些意见，在会议上讨论和起草了"河北省天津市工业公司试行组织办法（草稿）

在座谈中，大家认为这样改变，对工业管理比较有利。各工业公司的同志也认为今后要好工作了，但也认识到责任更大了。

为了克服官僚主义，更好地接触实际，接受群众的监督，市指示公司应搬到工厂去住，大家认为很有必要。

在座谈中，各工业局及与工业有关的部门都认为，这是一个大的改革，不仅对全市的工业工作将产生深远的影响，而且对部门的工作也将引起很大的变化。同时，也认为有必要改变自己的领导方法和工作方法，相应地改革生劳制度，以适应这种变

以上报告，请审查。

天津市经济委员会

一九六五年八月十日

河大 "八·一八" "缚鲲鹏" 战斗队翻印

一九六七年二月十三日

中共天津市委文件

津党〔1971〕3 号

中共天津市委員会关于
党的誕生五十周年紀念活动的通知

伟大、光荣、正确的中国共产党诞生五十周年快要来到了。为了迎接和纪念党的五十周年，根据中央指示精神，通知如下：

一、深入开展活学活用马克思列宁主义、毛泽东思想的群众运动；深入开展两条路线斗争教育，提高贯彻执行毛主席革命路线的自觉性　认真学习毛主席的外交路线和外交政策，坚持无产阶级国际主义；坚决完成党的"九大"、九届一中全会和二中全会提出的各项战斗任务，以革命和生产的新成就迎接党的五十周年。

二、组织广大党员和党外群众认真收听和深入学习中央两报一刊发表的纪念中国共产党诞生五十周年的社论，提高广大党员和群众的两条路线斗争觉悟，把正在进行的批修整风群众运动引向深入。

三、市委于六月二十九日晚在人民礼堂召开报告会，由市委负责同志讲解党内两条路线斗争史，会后放映电影。工厂、农村、机关、学校等单位，根据实际情况，可在党内外群众中采用报告会、座谈会、讲用会等不同形式，开展小型纪念活动。

四、报社、电台在"七·一"前后，要宣传党内外群众活学活用马克思列宁主义、毛泽东思想，开展路线教育，抓革命、促生产的先进事迹和经验。

各级党组织要加强对纪念活动的领导，重点放在搞好对"七·一"社论的学习。对"七·一"社论的学习情况和在学习中提出的问题要及时报告市革委会政治部。

一九七一年六月二十三日

（共印14,000份）

中共南方工作委員会

南委执行的政治路线和组织路线

（1936－1938）

中大红旗

省 直 站 **518** 联合战团编

省直革司

1968.

前言

一九三二年九月左右，薛尚实等人在香港成立了广东地下党组织——南方临时工作委员会（简称南委）经过短々一年多时间，"南委"于三七年底三八年初宣告撤销，成立广东省委。"南委"的历史虽然不长，但它的活动面较广，联系的各抗日救亡团体较多，涉及的党员也不少，有些后来成为"东江纵队"的核心骨干，这些人解放后分别在广东和全国其他省市的党政军各部门员担重要工作。为了纯洁党的组织，把特务、叛徒揪乥来，清除出去，彻底批判中国赫鲁夫的修正主义建党路线，我们对"南委"那一段历史作了一定范围的调查。从目前极肤浅的调查中，我们发现"南委"的政治路线、组织路线有一系列的问题，对"南委"的主要领导成员亦提出不少怀疑。现把问题扼要分述如下：

一、"南委"成立的背景

① 广东地下党组织，自一九二九年以来，连年几经破坏。国民党反动派和港英政府串通一气，在香港、广州各地，破坏党的组织，大肆追捕共产党员，有不少地下党的领导骨干被捕后即叛变投敌；而当时香港党的负责人又贯彻执行王明的"左"倾冒险路线，致使香港广州地下党组织遭到极惨重的破坏，三三年至三五年这一段时间基本停止了活动。

② 这期间，由于日本帝国主义的步步进迫，群众性的抗日救亡活动蓬勃发展。在香港、广州等地成了全国救国会华南地区总部（简称南总）、民族革命大同盟（简称民盟）、"四界"（工、学、商、妇女）救国会传都是当时广东地区较有影响的群众性救亡团体。

总之，"南委"就是在香港、广州地下党组织停止活动，群众抗日救亡运动兴起的形势下成立的。

对"南委"成立的社会背景，我们只作为一般性的了解，今后无需深入下去。

二、"南委"的成立

① 薛尚实如何到广东建立"南委"？

"南委"是一九三六年九、十月间由薛尚实在香港成立的。但薛尚实是由谁派来广东建党，是当时北方局刘少奇派来的呢，还是其他人？建立"南委"有无经延安党中央批准？据目前所掌握的材料有几种说法：第一、据薛尚实交代，是一九三六年五月中旬，薛通过当时北方局负责人离文华，会见了刚从延安到天津主持北方局工作的刘少奇（当时名叫胡服）并接受了两项任务：①到广西与李宗仁、白崇禧搞统一战线；②到广东建立党组织。

薛到达香港后，通过潘汉年派到香港的陈寿康到广西，后统战未搞成，薛便返香港搞建党工作。

第二、高文华不承认曾在三六年五月引薛会刘。

第三、薛尚实在广东建立南委，既没有经过延安党中央的批准，也未能得到当时"北方局"的承认。

上述三种说法，均不能说明薛尚实奉谁的意旨到广东建党，但据我们的分析，刘少奇背着党中央派薛到广东建党的可能性较大。这个问题我们还准备进一步调查清楚。

②薛尚实依靠什么建党？

以"南总"、"民盟"和中山大学的"突进社"等群众团体为活动基地，依靠何思敬、张直心等上层知识分子和政治面目不清分子，发展党组织。经薛尚实介绍参党的有：

张直心　　现广州社会主义教育学院
罗范群　　现广东省付首长
吴超焖
饶彰凤　　现广州外语学院

这一问题，我们准备进一步调查。

③"南委"组织系统概况：

"南委"成立后，曾派出人员到南方各省和广东一些县、市恢复和建立党组织。

〈1〉"南委"领导核心情况：

据了解，"南委"没有委员、部长等名称分工，只有书记薛尚实，但有一个领导核心：

薛尚实
饶彰凤
吴有恒　　地方主义分子
罗理实
连　贯
姚　铎　　叛徒
叶　超
苏　惠　　有敌特嫌疑
宣侠夫　　曾脱党
莫西凡
赖石昂

〈2〉外省：福建、江西、湖北、湖南、广西、云南等均建立关系，详细情况如何，有待进一步了解。

〈3〉组织系统：（见附表）此表不一定准确。

南委
（36.9—10）

核心成员：薛尚实、饶彰凤、吴有恒、连贯、
姚铎、叶趋等。

香港市委
（37年下半年）
书记：吴有恒
组织：周伯明
宣传：杜埃
工运：谢鹤筹、黄宇

海委系统：邱金 ——> 曾生

文化系统：饶彰凤（负责联系九龙书店、香港日报、
大众日报等）

广州新市委：吴有恒、叶趋、吴趋烱（因受到抵
1937年夏季　　　制未正式成立）

广州石牌支部：张直心负责（36年下半年）

还与广西、福建、江西等省及广东的大埔、潮汕、
宝安、东莞等县的地下党组织建立联系或派人
前往发展党的工作。

广州市工委
（36.9—10）
书记：邱萃藻
组织：周明
宣传：罗范群
青年：林振华
妇女：方本基

37.4—5月 ——>

书记：罗范群
组织：李大林
宣传：梁威林
青年：梁嘉
职工：周楠

38 年的情况：

广东省委
（38年春）
书记：张文彬
组织：薛尚实（5月薛去武汉学习，李大林任组
织。）
宣传：饶彰凤
职工：梁广
军委：尹林平
青年：邱萃藻
妇女：张月雯

广州市委
（38年春）
书记：李大林
组织：罗范群
宣传：杨康华
青年：梁嘉
妇女：黄梅棵
职工：周楠

注：市委38年6—7月有变动，李大林调走后由罗范群任书记，陆新任组织，吴超烟任宣传，陈思任青年部长。

三、"南委"的性质

〈1〉 南委与北方局刘少奇的关系

弄清这一问题，对彻底肃清刘少奇的修正主义建党路线有一定意义。根据目前的调查线索，我们认为，南委的建立是刘修为了搞他的独立王国，结党营私，而背着延安党中央派薛到广东建党的。理由是：

第一、如前所述，薛尚实到广东以前，在天津接受了刘到南方恢复地下党组织的密旨。南委建立之后，薛与北方局的联系情况怎样？

第二、据说，刘少奇在上海搞了一个假党："文委"和"临委"，因此，完全有可能背着中央在广东网罗爪牙、扶持私人势力。"南委"是否属这类货色？

第三、1936年8—9月间，薛曾写三封密信与北方局联系，未见回复。

第四、1937年初薛尚实曾带苏惠到上海向潘汉年汇报请示，并要求潘接上北方局的关系。

我们认为应把这些问题进一步弄清。

〈2〉 南委与文委的关系

上海文委是假党，据我们所掌握的材料，南委和上海文委的头头潘汉年有密切的联系。

① 1936年6月，薛尚实到香港后，第一个接头的是陈寿康（陈是潘汉年派往香港的），详细情况如何，有待进一步了解。

② 36年12月左右尹林平七转八转来到香港，通过孙逊找到了薛，在交谈中，薛自认"南委"是属于潘汉年领导的，中央的联系人是小开（即潘汉年）。

③ 36年冬天，薛找到陈寿康，要求去找潘汉年。

④ 37年初薛尚实带上苏惠到达上海，向潘汉年汇报请示，并将苏惠作为政治交通员驻上海。直至37年7—8月间，苏惠才由上海回广州。薛为什么要向潘汉年汇报？内容如何？为什么要派苏惠当政治交通员驻上海？这些问题待查。

⑤ 据饶彰风、苏惠等人交待，1936年6月薛来香港后，宣侠夫、胡鄂公经常与薛尚实联系，他们之间是什么关系待进一

步调查。

苏惠交代：我原来是和宣侠夫联系的，宣曾告诉我，将来组织上要派一个人来做组织工作。老孔（薛尚实）来时由宣介绍找我，以后就由老孔领导我工作。

饶彰风认为，宣、苏都是潘汉年那条线的。

上述线索，证明南委和文委潘汉年关系密切，有了进一步证实南委与潘汉年的文委的关系，还需按此线索继续追查。

〈3〉 南委的组织路线：我们怀疑，南委组织上执行了拉降纳叛的修正主义建党路线。理由是：

①领导核心严重不纯（见 P.3 ）

②营救南石头政治犯（见附件《关于营救政治犯问题》）

③孔王纠纷：我们大略了解孔王纠纷的情况。但孔王纠纷属什么性质？有二种说法：

第一、纯属宗派斗争。这一结论是38年中央派张文彬到广东解决南委与新市委之间的矛盾时所作的结论。

第二、是两条路线斗争。但谁代表正确路线，谁代表错误路线，有待进一步调查。

〈4〉 南委的政治路线

南委执行了什么样的政治路线？从目前掌握的一些线索，我们怀疑，南委既执行了刘少奇的右倾投降主义的政治路线，又执行了王明的"左"倾冒险主义的政治路线。可以通过下述几个事情查汔：

①两广事件：

事情简单经过：一九三六年六月间，广西军阀李宗仁、白崇禧，广东军阀陈济棠等假借"抗日救国"等口号，准备联合反蒋。薛尚实又于一九三六年五月间秉承其主子刘少奇的意旨到广西南宁与李、白等人进行谈判，目的是把广西变成象薄一波与山西的军阀阎锡山搞的那样的所谓统一战线"模范区"。但由于国民党军阀李宗仁、白崇禧反动立场不变，加上蒋介石的分化利诱，结果于同年八月，李、白与蒋匪妥协。刘、薛的上层统战失败了。

两广事件中，刘修下了哪些黑指示？薛尚实到广西后进行了哪些投降主义的活动？事件中我党在政治上造成了多大损失等等，还需进一步查清。

3)香港九·一八纪念会及薛光军事件

薛尚实到南方一方面抛投降主义的上层路线，另方面又搞下面的群众"飞行集会"的口号，以此来扩大"影响"。

一九三六年九月十八日，在香港开了个纪念大会，被英帝政府包围会场，紧捕八十多人。同样，在广州"薛光军事件"中，亦被紧捕几十人。

现有人怀疑，这两个事件都与薛尚实的阴谋有关。是否薛与当局勾结，来达致入损失？两事件中，南委有何指示？要求一步查查。这对某本心、刘书乔、胡干城等人被紧捕，后释放，可见是他们侦查事件的真相。

3)漳浦事件：

据调查，一九三七年抗战开始，国共合作，闽南特委派户坏平到香港"南委"请示薛尚实关于与国民党谈判的问题：向吗是否告代表，半天有什么指示。薛四番劝以谈判，本半没有什么指示，不久，薛尚实又派纯锋与尹林平联系，说让纯处理闽南事情（薛不承认派纯锋去与尹联系，说纯与尹不可能去任何联系）。

去对，在谈判时，国民党要把我们的部队引走去（此事"南委"薛尚实是知道的）法来，我送去几千枪人会被国民党包围缴械，大批革命同志被捕，损失甚大，这就是有名的"漳浦事件"。

一九三七年到五与国民党谈判，我方魏金水、谢育才与他157团共行谈判，去对内《红星报》说魏率部以投降。根据我们掌握的线索，所说在这次谈判没捕本，林议打本有"致成共产党"的来例，又说谢育才、叫子城是"假借谈判，其实投降"。

下列人员，有助于揭清二求问题：

何 善：现在广州越秀北路436号，原省委组织部长。后是地方主义分子，被降职，任省人民医院付院长，现退职。抗战时期是闽南特委领导人，是一九三二年"漳浦事件"的当事者。

武 逊：现任广东省政协付主席，抗日战争是内157团团长，是执行蒋介石"消极抗日，积极反共"，对造"漳浦事件"包围闽粤边区红军游击队的首犯。此人是了解"漳浦事件"真相的主要对象。

4)"南委"与"南杂""民盟"的关系。

"南杂""民盟"是群众团体。可是，据说"南杂"的一些核心成员，都在"南杂""民盟"的领导下进行工作。

究竟"南委"与"南杂""民盟"是既统又战，还是统而不战，

它们或间的关系怎样，都要进一步查清。

四.“南委”的敌特问题

经初步调查，我们发现“南委”问题较复杂，兼有敌特嫌疑。我们所掌握的线索有：

1) 薛尚实与特务陈登云：

薛尚实于一九二九年在上海认识陈登云。陈当时在上海《红旗日报》工作（此报是立三路线时办的），在薛前一次去找看冯乃超（本人尚无定论或误），要打等人组织的艺术剧团案工作，由戴和群（此人未找到）介绍认识。一九三〇年《红旗日报》停办，陈被调到江苏省委机关工作，薛尚实当时也在此机关工作。一九三一年薛介绍陈到了区桂林教师（是否教师，待查）。薛当“南委书记”时，陈又少于区到香港，接连贫灭族，薛工陈住在九龙城。一九三六年陈在香依薛为“掩护人”，又和薛结了婚，不知什么时候又离婚。据了解，陈登云（现在本特委）是特务（是36年前作案还是解放后作案，尚未查清）于一九四七年七月被我市政机关逮捕。陈如果在36年前后作案，薛与她关系如此密切，薛是否特务？十分值得怀疑。

2) 薛尚实与特务蔡成年的关系：（此前述）

3) 何思敬与特务潘汉年的关系：

何思敬27年是国民党郏委派（郏叠是国民党本的报右派，26年至32年均任中大校长，37年抗日战事爆发，到南京投靠了蒋介石），何当时在中山大学任教授“12·9”在中大闹学潮，暗地投靠国民党，34年曾代表郏叠到日本千奕国武志，1932年在上海入党（是谁介绍入党？是否潘汉年？待查）1935年脱党1936年到香港，同年4—5月到上海参加潘汉年搞的“全国抗日救国总工会”会议。1936年冬，潘汉年又接到香港找何思敬，究竟潘、何之间是什么关系。听《何思敬专案组》说，何有特务嫌疑。对此必须弄清，查出他们的关系。

4) 梅龚彬（专对“民盟”负责搞宣传工作的）有重大政特嫌疑。他与“南委”薛尚实、饶彰风关系甚密切。

5) 市供销社《工革联》内有关材料：

36—37年间，我们有一间“小小书店”经理是杨××，主办是鲍耀戎和鲍耀浦（又名鲍金池，现是“南方日报”付科长），据说当时这个“小小书店”是托派中心联络站，方向极“左”，与党的方针不符，后为组织发现，割绝了联系。当时朱美武（现广州市供销社管理，当时负责我们一个区的宣传工作，常到“小小书店”去）不久以前，有人发现鲍金池查了《南方日报红旗》的证明，保

关于"中共南方工作委员会"的情况的总结

一、几点说明：

1. 广东党在历史上先后建立两个南委，一个是一九三六年薛尚实的南委，另一个是一九四零年底建立的，由方方任总书记的南委，我们所谈的是后一个南委的情况。

2. 一九四二年南委事件，至今仍是一个悬而未决的案件，有些历史事实至今还是说法不一，未能统一。

3. 我们汇报工作着重于南委被破坏的概况及粤北省委事件，主要述粤北事件。

4. 对于南委的破坏情况及粤北事件，我们只花了几十天的时间去调查得到一个初步结果之后，因其它原因就没有继续深入下去，因而材料很粗，许多问题还不统一。因而必须继续作进一步的调查研究工作，以弄清南委、粤北事件的真象，彻底解决南委问题。

二、南委的组织情况：

为了适应时政斗争之需要、根据中央的意见，1940年底，在韶方设省成立了"南方工作委员会"简称"南委"（有一说是"南方局"）

南委书记：方方；　　付书记：张文彬；　　组织部长：郭潜
宣传部长：涂振龙（X）；　　秘书长：姚铎；　　特派员：郭潜
青年部长：张吉祥；（方方说是：吴济生）　交通部长：司徒丙鹤

当时的南委统一领导粤北省委、广西省工委、江西（省）工委、福建闽粤赣边区等纵。李大林把任粤北省委书记，朱江西省委书记郭潜调南委组织部长，环闽粤赣边区省委付书记谢育才调任江西省委书记，造引井后的南委，是支援干隐蔽的队伍，很适合当时对政斗争形式。

粤北省委：

书记：李大林；　　组织部长：饶卫华，　　统战部长：饶卫华（兼将）
青年部长：陈能兴；　　组织部：王焱光；　　宣传部长：黄康
付部长：猴江明；　　秘书：王焱光；　　付部长：李毅丹
秘书长：罗奎（仲）又名张龙灭；　　妇女部长：尖XX

三、南委被破坏的概况

1. 江西省委

谢育才在1341年乙月（据他本人交待是40年）接到训令，5月才与他的老婆王勋离开福建到南委。到南委后，方方接待了他，在到江西前，方方亲手交给他电报密码、联络暗号等。洲夫妇由交通列绳连（叛徒）带领由韶武发，于大月中旬到达江西省委往吉安机关。在吉安找到了江西省委社会部长骆其勋、统战部长林风鸣，谢在吉安安排一段时间后，即由骆其勋、女通老头协（代号）带到安福省委去。谢在安福山上行了十同五天左右，因每于下山省其将要降生的孩子，由骆其勋、李盐生送吉安，当晚住在吉安一间茶馆内休息（即道署13号）。骆就去打听情况，回来后，求饶接了，面色也不正常，还对谢说："情况正常，你放心休息好了。"狡匪去后，匪徒即将进来将谢抓了（时间是7月10日晚八时）。

在谢被捕的一、两天内，江西首委、赣南特委驻吉安机关所有人员相继被捕。江西首委、赣南特委驻吉安机关的破坏和谢育才的被捕是叛逆方国荣、刘莹、黄特冬、李益生（李功山）始其助等在国民党特务的掌握之下，了解了江西省委的全面情况后，待时机成熟后一举而就所造成的。李、始两人当天还带领进特行动队长李纲去抓了李劳册、王润等。

在敌特破坏了江西首委驻吉安机关后，敌特利用叛徒李、始谢等诱捕了赣南特委书记黄路军。后又由黄、李、始等叛徒同特务一起又诱捕了赣南特务的所有工作人员，当时被捕二十余人，损失极为惨重（见附表）。

41年11月间，在然式辉、冯方内授意下，由特务头子庄祖芳为西西说合，附给山上首委机关写了一封信，要胡福华（江西首委代书记）带领山上工作人员下山。敌特即以此信为据，由叛徒带领一举将发通山上首委机关的所有工作人员一起哄骗下山，逮捕30余人。至此江西首委遭彻底破坏。江西首委电台完全无缺地落入敌人手中，电台人均被捕后叛变，做西与南方两联系内方法，为匪特破坏南委提供了物质条件。

2.粤北首委、南委受破坏情况

在谢育才被捕后，江西首委电台与南委电台从41年7、8月起至42年4月止就失去联系。中断了八个月之久的电台终于突然在谢住所特务头子庄祖芳公馆后与南委的电台联系上了，后来又与曲江电台发生联系。

敌特利用叛徒变了的江西电台否继反谢了南委的依任，骗取了南委和粤北首委的不少重委情报和部分中央文件，从来往联系中，匪特进一步掌握了南委、粤北首委的重要活动情况，为匪特破坏南委、粤北首委提供了重要线索。

在江西首委被破坏后，出了叛徒，于致了一九四二年五月南委、广西首委等党组织的破坏。

42年4月，南委丰佐委谢育才于5月15日去曲江山"二牧"会面，并注明联络地址、联络暗号，该信落入敌特手中，特务章未找谢没过，叛徒额福华还将信给谢看，并从谢处了解了"二牧"就是郭潜。

与此信同时，南委又拍来快急电报，大意是要谢于5月中旬速至全福处会面。特务头子庄祖芳、冯寄把谢诬去所释电报含义谢信业全福迷人名、姓张，是南委威西一个中心县委书记以前在他手下工作过。

匪敌特掌握了一切情况后，附于1342年5月由国民党第二号人物陈立夫领大叛徒张国焘、叶专、大特务冯寄、庄祖芳之流及大小特务、叛徒及集谋夫，他们首先速捕了郭潜、郭叛变后即于当晚带领敌人先后逮捕了粤北首委书记李大林，组织部汶伐卫华、南委交通郡站长司徒两俏、钟锐等22余人，后又分头到广西速捕了蒋妙龄、刘朱昌逮捕了要香港八路军办事处的方承志。

当他们彻底破坏了粤北省委和部分广西省委后，稍微休整。于5月下旬分两路奔南委而去。在祖芳、郭潜一路，带领匪特20余人，由广东曲江出发，另一路由大叛徒谢育才担任，由江西大和出发，为掩人耳目，扮演了一场"假逃跑，真带路"丑剧。

谢育才按特务指示，42年4月下旬由大和出发，5月20日左右到达和平后，既按电报所指示的那样，找到了张全福，接头后谢育才即住在张家里（张是南委中心县委书记，负责南委的交通情报工作，南委电台设在张家），在谢住在张家的第二天晚上，南委电台即被敌人包围破坏了。事情发生后，张一再让谢转移，但他不肯挪动一步。

在南委电台被敌人破坏后不久，匪特包围了南委住地，当时张文彬、涂振农等20余人被捕，仅方方、养甫夫妇逃脱。

由于南委及几省省委受到敌人的严重破坏，使革命事业遭到极其严重的损失，以致中央下令停止活动一年。

四 党内头号走资派刘少奇是叛党分子的祖师爷

党内最大的走资派迎合投匪反动政策，在1939年抛出了黑"修养"，流毒全党全国，里应外合，使我党受到很大损失。早在1936年刘少奇就假借中央名义指示党组织要狱中的党员自首出狱，他对自首变节分子十分卖力，连连提拔升级，安排党的重要职务，以便推行他的政治和组织路线。无怪乎那些叛党分子为了重新钻进党内就写信或写报告给他们的祖师爷——刘少奇。叛徒庇护叛徒，这是必然的，结果就形成个庞大的叛徒网。

饶卫华被捕后叛变自首，出卖同志，到处抓人，后又被接到东江纵队。叛党分子李大林投降后又当上敌人的"高级参谋"，与敌人策谋破坏我各级党组织。这两个叛徒随东纵北撤到山东后，写了他们入狱，狱中、出狱经过报华东局及刘少奇负责的中央局。刘少奇看了他们的报告后，就在48年特意把他们二人请到中央局的所在地河北建屏县，与他们进行了"友好"的谈话，并要他们有意见可通过组织送中央，将帮助解决。

在刘少奇叛徒集团的包庇下，叛党分子李大林，饶卫华不但没有得到应有的惩罚，反而把他们安插到重要部门，不断升高。李为了重新混入党内，提示重新入党的要求，在刘、安控制下的中央组织部直接指示下，李于1954年重新混入党内，后又升了官，连在"自首书"上吹捧"国民党有功"的他的老婆叛党分子张英也得到刘少奇的青睐，在1948年恢复了他的党籍升了官。

党内第三号走资派陶铸对饶乜华也十分欣赏，关怀备至。早在1951年，陶在武汉反中南军政委员会时，遇到饶，竟然请饶到他家作客。后调到广东任省委书记时，打电报要饶到他家，他主动提出饶写报告交机关党支部封陷转送市委，报到省委，还要将报告秘密抄送一份给他，企图拉饶进党，并封给饶"市政协付主席"官衔。

1946年谢育才随东纵北撤时，方方给他作了一个好鉴定，并写了一封信给华东局。谢北上到山东后也没将叛变一事交代，但华东局的饶漱石、邓子恢、李林一伙却包庇他，并决定谢从49年起恢复党籍，刘少奇也同意了。谢混入党后写上升级。51年谢在汕头市关押，因发现了他在狱中立结书上盖手印而又把不交代，被开除出党。邓子恢两次来广东，知道谢此情况后，就找陶铸及省委一些负责人面授机宜，千方百计再拉谢入党。陶铸亲自写信给谢，并要他把信转给党组织。省委并作了所谓"省委决定"，把谢拉入党，给他升了官。

这些叛徒就是这样在刘少奇反革命死党的包庇下，清遥法外，钻进党内，夺了大权，妄图实现资本主义复辟。

五 在对"南委事件"的调查中 我们的一些看法：

在短短的几十天调查工作中，我们先后审问了饶乜华、李大林等人，并对与南北事件有关部分人员作调查，获得了一些关于南委粤北省委被破坏的情况的资料，初步摸清了南委事件的概况，落实了一批叛徒名单。

但由于工作时间短，许多问题及没有进行深入的调查研究。为了对党的事业负责，我们认为必须彻底弄清南委事件的真相，找出革命事业的叛徒，挖尽埋在我们党内的大大小小定时炸弹，纯洁我们党的队伍。

最近，我们对各方面的材料进行了分析，核对，认为以下问题是必须追下去的：

（一）方方、苏惠在"南委事件"中的重大嫌疑

1. 南委给谢育才的信要他5月15日到曲江与"二叔"会面并注明了联络暗号，地点，而紧老电报又要他于5月中旬速至南委全福外会面。信件与电报是谁发的？为什么要同时干这两件矛盾如此之大的事？南委与江西省委失去了达八个月的联系，为何如此"冒失"

地将一切和盘托出？难道南委、粤北省委不知道江西省委被破坏了？这里边有什么鬼？是否南委、粤北省委内有内奸？内奸最都潜还是谁？

2. 42年3月或4月〈司徒丙鹤交待〉南委电台与江西电台接通了。南委电台之所以接通后又受到破坏，估计是谢育才被捕逃跑回南委后，方方把南委电台的密码告诉了谢，谢又把江西的密码告诉了方，所以电台通了，敌人也掌握了电台的方向〈这种情况现实吗？〉方方还命令李大林粤北省委的电台也要和江西电台通，李警告了方这种错误的做法。

李大林45年曾对梁缅〈市妇联付主任〉说过方方严重右倾，李说那时电台联系上发生过问题，曾一度中断，省委方面发问，但江西方面回答不清，就去请示方方，但方说没有什么问题，没有撤退。

41年谢育才去江西时，跟江西电台断绝了联系，半年后突然接上关系，郭潜把交通站、省委情况都告诉了江西，当时李大林向南委提过抗议〈曾道交待〉

40年春天，大埔也对干部进行了严格的审查，方方当时形左"实右，怕死，开除了很多新党员，连一些仅仅出身不太好的都开除了。以此可以看出方方当时的警惕性是很高的。为什么作为南委书记的方方在处理南委、粤北省委与中断了达八个月之久的江西电台的联系工作上如此麻痹？这里面说明什么问题？两地电台是如何联系上的？李大林是否真的警告过方方？方方不知道江西省委被破坏吗？方方为何执意要与江西联系？

3. 许多材料都说有南委干部在疏散前曾召开过一个会议，得到粤北省委被破坏的消息决定疏散。而方方交待疏散时还不知道粤北省委被破坏的消息，并否认疏散前有一个紧急会议，为什么？

4. 南委受到严重破坏，为什么方方、苏惠夫妇却安然无恙？

5. 43年在延安，听说方方当时在延安被斗得很厉害，当时延安流传张文彬是叛徒〈司徒丙鹤交待〉是否方方放出的空气？

6. 42年5月谢育才带领破坏南委电台后，方方一直包庇谢。当电台破坏后，张全福对谢怀疑很大，多次建议方方要枪毙谢，但方拒不答应。当韩江纵队成立时，方又拉谢当纵队负责人之一。46年又包庇谢北撤，并给他作了全面的鉴定。这里面有何奥妙？

7. 郭潜原是江西省委书记，发现问题就调来南委审查，途中曾有一段时间无消息，为何方方都给他做南委组织部长？

8. 苏惠在解放后为姚铎翻案，对姚的儿子说："你父亲是不明不白被打死的。"这又说明什么问题？

9. 李大林在狱中谈到的可以自首的文件是什么？来自何方？

〈二〉. 粤北省委内是否有一个没有公开被捕的秘密叛徒网，叛徒集团与东江纵队有何关系

1. 饶卫华供出的人除了和他同时被捕的之外，饶彰风、黄康、严尚志为何被捕？

2. 黄康为何平安无事而能在大破坏后当下来坚持工作？黄康、饶彰风是如何在事件发生几个月后到东江纵队的？

3. 严尚为何能在大破坏后与关在"基虏"监狱的大林联系而自己没有被捕？严尚到东纵前把大林狱中关系交给王焱光。

4. 张江明、陈能兴、王焱光为何没被捕？为何严尚、张江明能在

事件发生后安全地被张逸带到东江纵队去？

5.阿金被捕入狱，其他人都叛变了，为何她却被释放且成了在外的粤北省委没捕大员与狱中的交通？

6.张江明在坪石被捕，关了两三天，其交待说因看管不严而从后门跑出。情况如何？

7.张江明是管中大党组织的，为何在坪石的中大党组织在破坏后续继活动，在尹林平派杨康华的老婆张逸到粤北去通知停止活动时才停止活动，为何中大这个敌人非常注意的点安全无恙？

8.粤北事件发生时，郭潜告诉李英丹：李大林被捕，省委已破坏。李殷丹为何没被捕？而与李殷丹单线联系的张海鳌、古梅夫妇反而被捕？

9.饶卫华去东江游击队视察工作，从东江带五个人回曲关，准备去五里亭，在火车站饶被捕，那五个人下落如何？

10.梁威林在惠阳碰到饶卫华，为何没被出卖？梁威林向尹林平汇报了饶的情况后，尹就派郑群、陈宽廿武装把饶抢回，东纵为何反而把李刚当即打死？

11.刘少奇48年在西柏坡接见饶卫华、李大林时，曾生、王作尧、方方也都在场，这里边有什么瓜葛？

12.邓子恢为何对谢育才的党籍问题如此热心而亲自出马？

附录一　　江西省委机关破坏情况

郭　潜：前江西省委书记，南委组织部长。被谢育才出卖，1942年5月在广东曲江被捕，当即叛变。帮领匪特破坏粤北省委、广西省委、南委等组织。后在特务机关做狗，45年调重庆特务机关。现在台湾。

李志强：（谢育才）。江西省委书记，1941年7月被捕，叛变后投敌，答应同敌人合作，许下绝对忠于蒋介石誓言，是破坏南委的主要凶手之一。现在湛江，华南热带作物产品公司经理。

骆其生：（骆君（其勋）。江西省委组织部长，41年7月被捕。叛变，是出卖谢育才的凶手之一，后当特务，对江西地下党组织大加破坏。现在湖南坪江。

周国均：江西省委宣传部长，41年11月被捕，叛变自首投敌，伙同匪特破坏江西党组织。

唐激斋：（唐大炮、唐警）江西省委青年部长，41年11月被捕。自首投敌叛变。

颜颖子：（颜福华），江西省委代书记。41年11月被捕，叛变出卖组织，帮敌破坏南委。

黄路平：江西赣南特委书记，41年7月被捕，叛变出卖组织，出卖周一平后，在特务机关当特务。

李贞姗：（李盘生），江西赣南特委秘书，41年7月被捕，叛变，在特务掌握下出卖了江西省委、赣南特委及谢育才、黄路平、骆激勋等。

附录二　叛徒出卖江西省委破坏情况

王忠堂：地下党员，40年12月被捕，当即叛变，出卖工业合作社地下党员甘时鸣。

朱承熙：地下党员，40年12月被捕，当即叛变，出卖工业合作社地下党员甘时鸣。

雷　宇：地下党员，40年12月被捕，当即叛变，出卖组织，出卖同志。

万国英：地下党员，伪指导处，41年6月被捕，当即叛变，出卖赣西南特委交通黄静玲（黄紫阳）。

刘　璧：地下党员，伪指导处，41年6月被捕，当即叛变，出卖赣西南特委交通黄静玲（黄紫阳）。

黄静玲：赣西南特委交通，41年6月被捕，当即叛变，出卖赣西南特委秘书李盘生。

李盘生：赣西南特委秘书，41年6月被捕，当即叛变，出卖江西省委组织部长骆其勋，后在特务机关当特务。

骆其勋：江西省委组织部长，41年7月被捕后即叛变，出卖江西省委书记谢育才，后当特务。

黄路平：赣西南特委书记，被李盘生、骆其勋出卖，41年7月被捕叛变，出卖赣西南地下党组织，出卖周一平。

林凤鸣：江西省委统战部长，41年7月因病在医院被特务毒死。

林丛文：江西省委电台负责人，41年12月被捕，42年7月叛变自首。

颜福华：江西省委代理书记，41年11月被捕，42年2月叛变，出卖江西省委组织，后当特务行动队队长。（被谢育才出卖）

周国均：江西省委宣传部长，被李、骆出卖，41年11月被捕，42年2月叛变自首。

唐教斋：江西省委青年部长，被颜出卖，41年11月被捕即叛变自首。

郭　潜：南委组织部长，42年5月被捕，当即叛变，出卖南委付书记涂振农、廖承志等。出卖南委组织。

吴干城：江西省委交通。41年5月被捕。曾护送郭潜到吕关，回来后叛变，出卖了李秀珊、林玉明（即林凤鸣）等。

　　　　　　　　　　　　　　注：部分一般人员从略。

附录三　"粤北事件"粤北省委、南委破坏情况

谢育才：男，江西省委书记，自首叛变，立下了"绝对服从蒋委员长"的死结，现在湛江华南热带作物产品公司经理。

郭　潜：（郭铁梅，林英杰），男，南委组织部长，南方局驻兰庆特派员，叛变投敌，带特务四出破坏地下党，后逃往台湾任内调局（即中统局）高级顾问。

李大林：男，粤北省委书记，自首叛变，被敌人封为"高级参谋"，供出与饶相同的人，并供出电台。现为内蒙古工学院书记。

饶卫华：男，粤北省委组织部长，自首叛变，被敌人封为"设计委员"，当"活字典"，供出党组织秘密电台，供出李大林、郭潜、饶彰凤、黄康、严仲、魏金水及地下党员五、六百人。现为广州市政协付主席。

涂振农（龙）：男，南委宣传部长，自首叛变。现已死。

司徒丙鹤：男，南委驻沿关交通站站长，自首叛变，出狱后在反动
　　　　报刊"前锋日报"工作。（是否他出卖了廖承志?）现为中侨委
　　　　联络部长。

王　勖：女，与谢育才一起，是谢的爱人，自首叛变，现在湛江。

张文彬：男，南委付书记，被捕，病死在狱中。

廖承志：男，八路军驻香港办事处代表。

曾　平：男，南委机要交通员，自首叛变，在1943年3月29日"大
　　　　光报"上登的"反共宣言"上签名。现为沿关儿教院付院长。

梁可明：（梁茵）女，粤北省委电台译电员，在上述"反共宣言"上
　　　　签名。与特务审讯科长勾勾搭搭，被封为"文书"，现为广州市
　　　　第十六中学教师。

沈式晖：（沈晖），女，粤北省委电台译电员，一说是省委交通员。自
　　　　首叛变，在上述"反共宣言"上签名，被敌人封之为"文书"，
　　　　赴港后嫁一资本家。

张　渊：（张瑛，张慧英），女，与李大林一起在省委机关。李的爱人，
　　　　自首叛变，与敌人共欢"中秋"，在上述"反共宣言"上签名。
　　　　是内蒙古纺织工业局长（党员），现任毛纺织厂车间主任。

谢　健：女，司徒丙鹤的爱人，被捕自首，狱中化名周陆民。

刘　金：（阿金，现名陈长娇），粤北省委机关来工，党员，被捕后释
　　　　放，现在越秀南东秀皮鞋社。（越秀南22号）。

陈二叔：（陈名祥）男，粤北省委招待所工作人员。被捕自首。

张海鳌：男，普通党员，叛徒，现在广州市人民教育学院。

古　梅：（古春梅），女，党员，被捕。现在广州医学院图书馆。张海
　　　　鳌的爱人。

钟　靖：（钟靖寰、温于民），男，东江前方特委委员，增城中心县委
　　　　书记。被捕后公开登报脱党。1943年3月29日"大光报"上
　　　　登的"反共宣言"起草人现广州科技业余大学教书。

李悦芬：（李秉仁），女，支部宣传委员，被捕。现做家务。（钟靖爱人）。

李文礼：（李刚、钢光），男，增城中心县委组织部长，自首叛变，出卖
　　　　同志，当特务后在东江被我击毙。

汤自持：男普通党员，被捕后叛变登报，饶卫华猜疑他出卖了钟靖。

汤自昌：男、普通党员，被捕，汤自持的哥々。

黄怡嘉：（黄俊如、黄老头），广西桂林地方干校总支组织。被捕自首。
　　　　现为惠阳专区师范学校校长。

王　邸：被捕。

翁玉桃：（翁桃），女，香港地下机关工作。

梁酖明：男，增城中心县委书记。　　　　　　　被捕后自首叛变，

罗维伦：男，大埔县委工作人员。　　　　　　　在43.3.29."反共

王道生：男，大埔县委工作人员。现在广东连平中学任教　宣言上签名。

梁炳燊：男，粤北省委赴泰党员。

魏友扬：被捕后自首。（与饶卫华同押到惠州淡水）。

欧阳××：交通员，被捕。现在北京市侨委。

《文革史料叢刊》六冊

李正中編著

第一輯共六冊，圓背精裝
ISBN：978-986-5633-03-5

文革史料叢刊　內容簡介

　　《文革史料叢刊第一輯》共六冊出版了。文革事件在歷史長河裡，是不會被抹滅的，文革資料是重要的第一手歷史資料。其中主要的兩大類，一是黨的內部文宣品，另一是非黨的文宣品，本套叢書搜集了各種手寫稿，油印品，鉛印文字、照片或繪畫，或傳單、小報等等文革遺物，甚至造反隊的隊旗、臂標也不放過，相關整理經過多年努力，台灣蘭臺出版社出版《文革史料叢刊》，目前已出版第一輯六鉅冊，還在陸續出版中。

第一冊	頁數：758
第二冊	頁數：514
第三冊	頁數：474
第四冊	頁數：542
第五冊	頁數：434
第六冊	頁數：566

9 789865 633035

古月齋叢書 3　定價　20000元

蘭臺出版社書訊

第一輯（六冊）目錄

書款請匯入以下兩種方式

銀行
戶名：蘭臺網路出版商務有限公司
土地銀行營業部（銀行代號005）
帳號：041-001-173756

劃撥帳號
戶名：蘭臺出版社
帳號：18995335

100 台北市中正區重慶南路1段121號8樓之14
TEL：（8862）2331-1675 FAX：（8862）2382-6225
E-mail：books5w@gmail.com
網址：http://bookstv.com.tw/